谁是你的重要他人

毕淑敏　著

漓江出版社

图书在版编目(CIP)数据

谁是你的重要他人 / 毕淑敏著. —
桂林 : 漓江出版社, 2018.1
ISBN 978-7-5407-8331-0
Ⅰ. ①谁… Ⅱ. ①毕… Ⅲ. ①散文集 - 中国 - 当代
Ⅳ. ①I267
中国版本图书馆CIP数据核字(2017)第268420号

SHUI SHI NI DE ZHONGYAO TAREN
谁是你的重要他人
毕淑敏 著

策划组稿：文龙玉
责任编辑：章勤璐
书籍设计：石绍康
责任监印：周萍

出版人：刘迪才
漓江出版社有限公司出版发行
社址：广西桂林市南环路22号
邮编：541002
发行电话：0773-2583322　010-85893190
传真：0773-2582200　010-85890870-614
电子信箱：ljcbs@163.com
网址：http://www.lijiangbook.com
印制：北京汇瑞嘉合文化发展有限公司
开本：787 × 1092　1/32
印张：7.5
字数：130千字
版次：2018年1月第1版
印次：2018年1月第1次印刷
书号：ISBN 978-7-5407-8331-0
定价：45.00元

目　录

第一辑　孤独是一种兽性

第二辑　一个人就是一支骑兵

第一辑

孤独是一种兽性

心 是

当我们预备讨论心事的时候，可能先要把“心”到底是个什么东西想一想。记得我小时候第一次学到“心”这个字，老师说，“心”是一把铁勺子，正在炒几颗豆。豆子会蹦啊，最后两颗豆子掉在了“心”外，只有一颗幸运豆留在了勺里。我至今感谢这位老师，把这个“心”字说得这般诱人，不单使当初蒙昧的我一下子就学会了写这个字，终身不曾忘记和写错它，而且常常忆起铁勺这个有趣的意象。

铁勺的容量是有限的，即使在寺庙饥年施粥的善举中，铁锅霸气十足，勺子却依然普通，循规蹈矩地蜷缩着，状若一拳（勺子若大了，粥就不够喝了）。人们常常举一句文豪的名言，说人的心比海洋、比天空还要博大，窃以为指的是宏伟幽深的冥想时刻，并非随时随地的状态。在万千纷常的日子里，人心就是一把锈迹斑斑的铁勺。

因为有锈，所以心要常常擦拭。我们的心会被各式各样含酸带碱的风雨浸淫，会被蛀出缝隙和生长阴霾。天气晴朗时，在阳光下晒晒心情，锈就会悄然遁去。美丽的大自然和相知的朋友，就是紫外线了。

每个人只有一把铁勺，每个人一生却要遭遇很多豆子。勺子承载的分量是有限的，不可以在勺子里灌注太多的水。哪怕水是掺了蜜糖的，也要有节制。中医有句箴言，叫作“大喜伤心”，说的就是过量的伤害。为了尊重这把勺子，我们要仔细地甄别放入勺子里的物件的数量。空无一物的勺子令人伤感，不堪重负被挤爆了的勺子也是悲剧。

然而再精明的甄选，也还是有一些我们不喜欢的豆子进入勺子。那可怎么办呢？有一个好法子，就是——炒。

炒我们的心事，把它们加热，把它们晾晒，在这个过程中，翻来覆去地斟酌，你是保存勺子还是姑息豆子？为了勺子的安宁，你要立决。思考不但指时间和力量的使用，同时标志着抽刀断水的杀伐。结果就是只留下那些最重要的豆子，而把其他的豆子扬出我们的视线。

这个程序想来是快乐的，其实充满了艰难和痛苦，每一颗豆子都不是无缘无故进入铁勺的，它们必和情感与理智有着千丝万缕的关联。甚至那些我们十分嫌恶的瘪豆子、被虫蛀过的病豆子，也在长久的摩挲和掂量中融入了我们的体温，令我们产生了割舍不下的惯性和依恋。然而，还是要“放下”，此刻需要的不仅是聪明，还有一往无前的勇敢。

把废豆子驱逐出铁勺，心就宽敞了，铁勺恢复了洁净与轻盈。新的豆子仿佛新的客人，姗姗来临。对于你的心事，你可不要忘了甄选和款待。

布雷迪的猴子

当心理医生的朋友给我讲过一个故事——布雷迪的猴子。

布雷迪不是一座山，也不是一片茂密的原始森林，而是一位科学家的名字。

那是一个晴朗的日子，两只猴子各自坐在它们的椅子上，像平常一样开始了生活。但宁静仅仅维持了片刻，20 秒钟后，它们猛地同时遭到一次电击。这当然是不愉快的感受了，猴子们惊叫起来。

被仪器操纵的电源，毫不理睬猴子们的愤怒，均匀恒定地释放电流，每 20 秒钟准时击发一次。猴子们被紧紧地缚在约束椅上，藏没处藏，躲没处躲，只得逆来顺受。

但猴子不愧为灵长目动物，开始转动脑筋。很快，它们发现各自的椅子上都有一根压杆。

甲猴在电击即将来临的时候掀动压杆，电击就被神奇地取消了，它俩也就一同逃脱了一次痛苦的体验。

乙猴也照样揿动压杆。很可惜，它手边的这件货色是摆样子的，压与不压，对电击没有任何影响。也就是说，乙猴在频频到来的打击面前束手无策。

实验继续着。甲猴明白自己可以操纵命运，它紧张地估算着时间，在打击即将到来的前夕不失时机地揿动压杆，以避免灾难。当然，它有时成功，有时失败。成功的时候，它俩就有了短暂的休息；失败的时候，它们就一道忍受电流的折磨。

时间艰涩地流淌着，实验结果出来了。在同等频率、同等强度电流的打击下，那只不停揿动压杆、疲于奔命的甲猴，由于沉重的心理负担，得了胃溃疡。那只听天由命、无能为力的乙猴，安然无恙……

假若是你，愿做布雷迪实验里的哪一只猴子？朋友问。

我说，我是人，我不是猴子。

朋友说，这只是一个比方。其实，旋转的现代社会和这个实验有很多相同之处，频繁的刺激接踵而来，人们生活在目不暇接的紧张打击之中。大家拼命地在预防伤害，采取种种未雨绸缪的手段。殊不知，某些伤害正是在预防中发生，人为的干预常常弄巧成拙，适得其反……所以，人们有时需要无奈，需要阿Q，需要随波逐流，需要无动于衷、听其自然……

我说，我对于这个心理学经典的实验没有发言权。如果布雷迪先生只是借此证明强大的心理压力可以致病，无疑是正确的。

停了一会儿，我对她说，你刚才问，假如是我，会在猴子中做怎样的选择。经过考虑，我可以回答你——我愿意做那只得了胃溃疡而仍在不断掀动压杆的猴子。

朋友惊讶地笑了，说为什么。她问过许多人，他们都愿做那只无助然而健康的猴子。

我说，那只无助的猴子健康吗？每隔 20 秒钟准时到来的电击，是无法逃脱的、不以个人意志为转移的恶性刺激，日复一日，终有一天会瓦解意志和身体，让它精神失常或者干脆得上癌症。

它暂时还没有生病，那是因为它的同伴不断地掀动压杆，为它挡去了许多次打击。在别人的护翼下生活，把自己的幸运建筑在他人的辛苦与危险中，我无法安心与习惯。

再说说那只无法逃避责任的甲猴，既然发现了可以取消一次电击的办法，它继续摸索下去，也许能寻找出更有效的法子，求得更长久的平安。压下去，拖延时间，也许那放电的机器会烧坏，通电的线路会折断，椅子会倒塌，地震会发生……形形色色的意外都可能发生，只要坚持下去就有希望。

一百种可能性在远方闪光，避免一次电击，就积累了一次经验。也许实践会使它渐渐熟练起来，心情不再紧张、悲苦，把掀动压杆只当成简单的游戏……不管怎么说，行动比单纯的等待更有力量。一味地顺从与观望，办法绝不会从天上掉下来。

当然，最大的可能是无望，呕血的猴子无奈地掀动压杆到最后一刻……即使是这样，那我也绝不后悔。

因为——

假如我和那只猴子是朋友，我愿意把背负的重担留给自己。

假如我和那只猴子是路人，我遵照我喜爱探索的天性行事。

假如我和那只猴子是敌手，我会傲然地处置自己的生命，不在对方的荫庇下苟活。

所以，天造地设，我只能做那只得了胃溃疡的猴子。

冰雪篱笆

一位男医生对我说："我有一个男病人，说他的妻子是世界上最冰冷的女人，我想请你同她谈谈，不知你能否答应？"我一时没反应过来，开玩笑道："世上最冰冷的女人，大概要数《泰坦尼克号》中的露丝小姐，那种冰海中的长时间浸泡，冻彻心肺，真乃人间酷刑。"

男医生说："哦，不是那种体温上的冰冷。是性的冷淡。经过多方面的探讨，我是束手无策了。转介给你，女性之间的对话可能较为方便。"

我严肃起来道："你先说说，她丈夫是怎样求诊的。"

医生道："那丈夫说，他和妻子是大学的同学，真是男才女才、男貌女貌啊……"

我忙说："停，停。请解释。什么意思？绕口令似的。"

医生道："是啊，当时我也听得一头雾水，要他说得清楚一点儿。那丈夫道：'这是同学们的评价，意思说我们两个，就是我和我妻子，都很有才华，相貌也同属上乘。古戏中说的是郎才女貌，对我们来说，每个人都有才，每个人也都有貌。若我们两个结合起来，双才双貌，色艺俱佳，那就好事占绝，无往不胜。’”

我忍不住问道：“哦，天下有这样的佳偶，真是难得。依你的眼光看，这做丈夫说得可确实？”

医生笑笑：“我知道你开始介入情况了，想了解一下这对夫妇对现实状态的感觉，是否在常规之内。是的，常常有这种人，自我感觉太好，对自己的评价和对他人的评价走进了误区，把自己神化，把他人妖魔化。如果来人是这种情况，倒比较简单。我仔细观察了这个男子，天庭饱满，地角方圆，谈吐有方，很有学养，合乎法度，只是神色忧郁。看来，他对现实的把握是正常的。”

我说：“那么，他的妻子，你见了吗？”

男医生说：“见了。正因为见了，才更觉糊涂，他的妻子仪容俏丽，是一个优雅智慧的知识女性，能很开放地同我谈论他们夫妻间的性生活不和谐问题，并说双方都到医院做了各项检查，所有的指标都显示正常。

“所以，我是没办法了，看你可有什么妙计一安天下。因为我不但从医生的角度，更从一个男人的角度出发，同情理解那个丈夫的苦恼。希望你能和他的妻子开诚布公地谈谈，看是什么症结在阻挠着这位生理上完全正常的女性，无法全身心地爱她的丈夫。”

我说：“试试吧，我也没有很大的把握。”

和那位妻子见面的第一瞬间，我就承认男医生的判断完全正确。这是一位外表看起来无可挑剔的正常女性，白领装束，风度翩然。

我说：“从哪里开始谈呢？”

她说：“就从基因开始吧。”（为了称呼的方便，我就叫她茵。）

我说：“为什么从这里开始呢？好像一个生物实验室似的。”

茵笑了，说：“基因几乎就是我和丈夫结合的红娘啊。”

我讶然，问道：“这是怎么回事？”

她说：“您知道，大学是个谈恋爱的好地方。几乎所有杰出或不怎么杰出的男生女生，都希望在大学的校园里找到自己的另一半。人们不但自己辛辛苦苦地找着，还用自己的眼光为别人操劳着。在这方面，人可以说是充满了搭配结合的欲望，甚至有一种游戏测验的味道。男宿舍和女宿舍经常议论班上谁和谁合适，这是半夜三更时分永久的话题。”

“我和我的丈夫，就是在这种氛围中走到一起的。所有的人，都说——我们是多么般配的一对啊。”

“是的，不是我自夸，我的容貌和智商，在女人当中都属于上乘。我说这一点儿没有炫耀的意思，只是实事求是。”

茵说到这里，看着我。我知道需要给她一个回馈，我用力地点点头。不但是出于礼貌，更出于赞同。

茵接着说下去：

“我的先生也很棒。有句话，众口铄金，意思是群众舆论的力量非常大，我相信这句话。人们都说你们合适，熟悉你的人这样说，刚刚认识不久的人也这样说，你的家人这样说，你的仇人也这样说，你就觉得这件事有点儿神秘、有点儿宿命，甚至有点儿在劫难逃。说的人多了，你就有一种顺从感，并在其中感觉到安全，以为这是一桩保险的婚姻。

“后来，我们果真结婚了。刚开始的时候，我们夫妻生活很幸福，那种滋润有流光溢彩的美容效果，是能够反映到皮肤上的。认识我的人都说：‘你越来越俏皮了，什么时候添宝宝啊？你们的孩子，一定会结合双方的优点，又聪明又漂亮……’”

说到这里，茵的目光突然暗淡了。她停顿了片刻，懒懒地说下去：

“生了宝宝之后，有一段时间我忙着照料孩子，丈夫也很体谅我，夫妻生活那方面很少要求。后来，请了保姆，孩子有人照料了，另居一室。当我们有机会开心地鸳梦重温时，我才突然发现，我所有的兴趣都丧失殆尽，整个人如同枯木死灰。这不是心理上的原因，我爱我的丈夫，我希望他快乐幸福，但是，身体不听我的指挥，它抗拒厌恶这种活动，像石块一样毫无反应。当时我想，可能是生育的变化强烈地改变了我的机能，随着时间的推移，就会慢慢恢复。我把这个感受同我丈夫讲了，他通情达理，很理解我，愿意等待我复原。我们就这样等着，试着……但是，至今已经整整七年了，女儿已经从襁褓走进了小学，但我和丈夫的夫妻生活没有丝毫好转。我已尽了所有的力量，可身体不是电脑，它不听从你的命令，顽强地抵抗着。我身不由己，非常痛苦……”

茵讲到这里，停下来，眼巴巴地看着我，希望我能批出一条秘诀。

我看着她，心想：“看来，他们夫妻感情上很恩爱，生理上也经过反复测查，排除了器质性疾患，症结究竟在哪里呢？”

突然，一个有关时间的概念强烈地提示了我——“生了宝宝之后”。

我说：“生了宝宝之后，发生了什么事情呢？”

我在心中飞快地假设了多种可能性，没想到茵回答我说：“没发生任何事情。当然，有了宝宝，时间比以前紧张，身体操劳了，但是，这都不是决定因素。你可以看出来，我的身体很好。”

是的。我看得出来，她营养状态不错，既不臃肿也不纤弱，正是少妇生机勃勃的年华。

我的直觉让我坚持“时间”这个变量，总觉得在这个时段，发生了什么。她的否认，让我感到按照通常的逻辑似乎不能解释。我细细地回忆着她说过的每一个字，猛然，我想到了对话时，她那个少见的开头——基因。

我说：“你相信基因吗？”

她苦笑了一下说：“信又不信。”

我追问：“此话怎讲？”

她说：“信，是因为那是科学，中国外国的报纸都在讲。龙生龙、凤生凤，你不信行吗？要说不信，嘿……我和丈夫的基因都不错……算了算了，不谈了。”她万分沮丧地低下了头。

我感到自己正在接近那个谜团的核心。虽然追问下去看起来是一种残忍，但也许正是要害所在。我说：“我看你一下子变得垂头丧气的，你能否告诉我，这和基因有什么关联吗？”

她痛苦地低下了头。由于她的头低得很深，我无法看到她的面部表情。当她再次抬起头，我才看到她满脸滂沱的泪水。

我说：“看到你非常难过，我也很不好受。能告诉我，你想到了什么？”

她吃力地说：“不是想到，是看到……第一次看到的时候，我几乎昏了过去。”

说着，她从自己精巧的手提包夹层里，掏出一张照片，递给我。

我看到一个女孩，扁扁的头，肿眼泡，塌鼻子，瘪嘴巴，稀疏的头发……天哪，几乎女孩子长相上的所有忌讳，这小姑娘都占全了。

“这是……”我迟疑着没敢把话说完整。

“是的，这是我的女儿。这就是基因的故事。我和我丈夫的基因都那么卓越，可是组合在一起，怎么就成了这个样子？我恨这种男女结合，它是一种魔鬼的戏法。它能把优秀化成腐朽，它耍弄人，它把一种灾难、一种命运的不可知性强加给我，它让我一看到这个孩子，就对性的活动产生了强烈的憎恶感。它是蛇蝎出没的烂泥潭，给你片刻欢愉，然后是无尽的恐怖和烦恼。直到你沉没了，它却若无其事地站在一旁冷笑。它把瞬间的事情，化成严酷绵延的后果。把无尽的灾难留给那对无辜的男女，留给那对男女天真的孩子……所以，我要反抗它。我要禁绝它对我的再一次迫害。我用冰雪修建篱笆，严丝合缝，它再也休想钻入。我以所有的力量抵御它的诱惑，我不能承受当我第一次看到这个孩子的丑陋容貌时所遭受的惨痛挫败，那一刻，我是世上最绝望的母亲……”

我忙插入说：“不好意思打断一下，你对女儿怎样？”

在这一刻，我真的非常关切那位让母亲大失所望的女儿。

“还好。因为我知道这不是她的过错。我不该恨她。要说恨，该恨的是我，是她的父亲，是我和丈夫的这种结合，是制造生命的过程。”茵说完，紧紧咬着嘴唇。

谈到这里，终于真相大白了。这位母亲，因为无法接受女儿的容貌，追根溯源，她认为是性的活动导致了男女双方基因的重组，就在潜意识里抵制夫妻间的性生活。她用自己的推理，堆积成一座冰山，把自己冷冻成了“露丝”。

我说：“生命的诞生的确是一个非常复杂的过程。显性遗传或隐性遗传，还有许许多多人类无法破解的题目。基因是无罪的，夫妻间的性生活是无罪的，你的女儿也是无罪的。况且，一个人的先天相貌和他后天的发展也没有完全必然的关系。你的冷漠，归根结底，来源于一种不合理期望的破灭。你希望有一个完美无瑕的孩子，这可以理解，却不能把它当成百分之百的真实。一旦达不到理想，你就把愤怒投射到了夫妻生活上。”

茵看着我，若有所思的样子，久久，喃喃地说：“哦哦，原来，是这样啊。其实，有了现代的避孕工具，悲剧就不会重演。再说，基因的组合，也是人类无法控制的概率……”

我欣喜地看着她，知道冰雪已渐渐消融。

红与黑的少女

来访者进门的时候，带来了一股寒气，虽然正是夏末秋初的日子，气候还很炎热。

女孩，十七八岁的样子，浑身上下只有两种颜色——红与黑。这两种美丽的颜色，在她身上搭配起来，却显得恐怖。黑色的上衣、黑色的裙，黑色的鞋子、黑色的袜，仿佛一滴细长的墨迹洇开，连空气也被染黑。苍黄的脸上有两团夸张的胭脂，嘴唇红得仿佛渗出血珠。该黑的地方却不黑，头发干涩枯黄，全无这个年纪女孩青丝应有的光泽。眼珠也是昏黄的，裹着血丝。

“我等了您很久……很久……”她低声说自己的名字叫飞茹。

我歉意地点点头，因为预约人多，很多人从春排到了秋。我说：“对不起。”

飞茹说：“没有什么对不起的，这个世界上对不起我的人太多了，你这算什么呢！”

飞茹是一个敏感而倔强的女生，我们开始了谈话。她说：“你看到过我这样的女孩吗？”

我一时不知如何回答好，就说：“没有。每一个人都是特殊的，所以，我从来没有看到过两个思想上完全相同的人，就算是双胞胎，也不一样。”

这话基本上是无懈可击的，但飞茹不满意，说：“我指的不是思想上，我知道这个世界上绝没有和我一样遭遇的女孩——打扮上，纯黑的。”

我老老实实地回答：“我见过浑身上下都穿黑衣服的女孩。通常她们都是很酷的。”

飞茹说：“我跟她们不一样。她们多是在装酷，我是真的……残酷。”说到这里，她深深地低下了头。

我陷入了困惑。谈话进行了半天，我还不知道她是为什么而来。主动权似乎一直掌握在飞茹手里，让人跟着她的情绪打转。我赶快调整心态，回到自己内心的澄静中去。这女孩子似乎有种魔力，让人不由自主地关切她，好像她的全身都散发着一个信息——“救救我！”可她又被一种顽强的自尊包裹着，如玻璃般脆弱。

我问她：“你等了我这么久，为了什么？”

飞茹说：“为了找一个人看我跳舞。我不知道找谁，我在这个大千世界找了很久，最后我选中了你。”

我几乎怀疑这个女生的精神是否正常，要知道，付了咨询费，只是为了找一个人看跳舞，匪夷所思。再加上心理咨询室实在也不是一个表演舞蹈的好地方，窄小，到处都是沙发腿，真要旋转起来，会碰得鼻青脸肿。我当过多年的临床医生，判断她并非精神病患者，而是在内心淤积着强大的苦闷。

我说：“你是个专业的舞蹈演员吗？”

飞茹说：“不是。”

我又说：“但这个表演对你来说，非常重要。为了这个表演，你等了很久很久。”

飞茹频频点头：“我和很多人说过我要找到看我表演的人，他们都以为我是在说胡话，甚至怀疑我不正常。我没有病，甚至可以说是很坚强。要是一般人遇到我那样的遭遇，不疯了才怪呢！”

我迅速地搜索记忆，当一个临床心理医生，记性要好。刚才在谈到自己的时候，她用了一个词，叫作“残酷”，很少有正当花季的女生这样形容自己，在她一身黑色的包装之下隐藏着怎样的深渊和惨烈？现在又说到“疯了”，她到底发生了什么？

贸然追问，肯定是不明智的，不能跨越到来访者前面去，需要耐心地追随。照目前这种情况，我觉得最好的方法是尊重飞茹的选择：看她跳舞。

我说："谢谢你让我看舞蹈。需要很大的地方吗？我们可以把沙发搬开。"

飞茹打量着四周，说："把沙发靠边，茶几推到窗子下面，地方就差不多够用了。"

于是我们两个嗨哟嗨哟地干起活来，木质沙发腿在地板上摩擦出粗糙的声音，我猜外面的工作人员一定从门扇上的"猫眼"镜向里面窥视着。诊所有规定，如果心理咨询室内有异常响动，其他人要随时注意观察，以免发生意外。趁着飞茹埋头搬茶几的空子，我扭头对门扇做了一个微笑的表情，表示一切尚好，不必紧张。虽然看不到门那边的人影，但我知道他们一定不放心地研究着，不知道我到底要干什么。其实，我也不知道下面会发生什么事情，只是相信飞茹会带领着我一步步潜入她封闭已久的内心。

场地收拾出来了，诸物靠边，室内中央腾出一块不小的地方，飞茹只要不跳出芭蕾舞中"倒踢紫金冠"那样的高难度动作，应该不会磕着碰着了。

我说："飞茹，可以开始了吗？"

飞茹说："行了。地方够用了。"她突然变得羞涩起来，好像一个非常幼小的孩子，难为情地说，"你真的愿意看我跳舞吗？"

我非常认真地向她保证："真的，非常愿意。"

她用布满红丝的眼珠盯着我说："你说的是真话吗？"

我也毫不退缩地直视着她说："是真话。"

飞茹说："好吧。那我就开始跳了。"

一团乌云开始旋转，所到之处，如同乌黑的柏油倾泻在地，沉重，黏腻。说实话，她跳得并不好，一点也不轻盈，也不优美，甚至是笨拙和僵硬的，但我一直目不转睛地看着，我知道这不是纯粹的艺术欣赏，而是一个痛苦的灵魂在用特殊的方式倾诉。

飞茹疲倦了，动作变得踉跄和挣扎。我想要搀扶她，被她拒绝。不知过了多久，她虚弱地跌倒在沙发上，满头大汗。我从窗台下的茶几上找到纸巾盒，抽出一大把纸巾让她擦汗。

待飞茹满头的汗水渐渐消散，这一次的治疗到了结束的时候。飞茹说："谢谢你看我跳舞。我好像松快一些了。"

飞茹离开之后，工作人员对我说："听到心理室里乱哄哄地响，我们都闹不清发生了什么事，以为打起来了。"

我说："治疗在进展中，放心好了。"

到了第二周约定的时间，飞茹又来了。这一次，工作人员提前就把沙发腾开了，飞茹有点意外，但看得出她有点高兴。很快她就开始新的舞蹈，跳得非常投入，整个身体好像就在这舞蹈中渐渐苏醒，手脚的配合慢慢协调起来，脸上的肌肉也不再那样僵硬，有了一丝丝微笑的模样。也许，那还不能算作微笑，只能说是有了一丁点的亮色，让人心里稍安。

每次飞茹都会准时来，在地中央跳舞。我要做的就是在一旁看她旋转，不敢有片刻的松懈。虽然我还猜不透她为什么要像穿上了魔鞋一样跳个不停，但是，我不能性急。现在，看飞茹跳舞，就是一切。

若干次之后，飞茹的舞姿有了进步，她却不再一心一意地跳舞了，说："您能抱抱我吗？"

我说："这对你非常重要吗？"

她紧张地说："您不愿意吗？"

我说："没有，我只是好奇。"

飞茹说："因为从来没有人抱过我。"

我半信半疑，心想就算飞茹如此阴郁，年岁还小，没有男朋友拥抱过她，但父母总会抱过她吧？亲戚总会抱过她吧？女友总会抱过她吧？当我和她拥抱的时候，才相信她说的是真话。飞茹完全不会拥抱，她的重心向后仰着，好像时刻在逃避什么，身体仿佛一副棺材板，没有任何温度。我从心里涌出痛惜之情，不知道在这具小小的单薄身体中隐藏着怎样的冰冷。我轻轻地拍打着她，如同拍打一个婴儿。她的身体一点点地暖和起来、柔软起来，变得像树叶一样可以随风摇曳了。

下一次飞茹到来的时候，看到挤在墙角处的沙发，平静地说："您和我一道把它们复位吧。我不再跳舞了，也不再拥抱了。这一次，我要把我的故事告诉您。"

那真是一个极其可怕的故事。飞茹的爸爸妈妈一直不和，妈妈和别的男人好，被爸爸发现了。飞茹的爸爸是一个很内向的男子，他报复的手段就是隐忍。飞茹从小就感觉到家里的气氛不正常，可她不知道这是为了什么，总以为是自己不乖，就拼命讨爸爸妈妈的欢心。学校组织舞蹈表演，选上了飞茹，她高兴地告诉爸爸妈妈，六一到学校看她跳舞，爸爸妈妈都答应了。过节那天，老师用胭脂给她涂了两个红蛋蛋，在她的嘴上抹了口红。当她兴高采烈地回家，打算一手一个地拉着爸爸妈妈看她演出的时候，见到的是两具穿着黑衣的尸体。爸爸在水里下了毒，骗妈妈喝下，看到她死了后，再把剩下的毒水都喝了。

飞茹当场就昏过去了，被人救起后，变得很少说话。从那以后，她只穿黑色的衣服，在脸上涂红，还涂着鲜艳欲滴的口红。飞茹靠着一袭黑衣保持着和父母的精神联系和认同，她以这样的方式，既思念着父母，又对抗着被遗弃的命运。她未完成的愿望就是那一场精心准备的舞蹈，谁来欣赏？她无法挣扎而出，找不到自己存在的价值和重新生活的方向。

对飞茹的治疗，是一个极为漫长的过程，我们共同走了很远的路。终于，飞茹换下了黑色的衣服，褪去了夸张的妆容，慢慢回归正常的状态。

最后分别的时候到了，穿着清爽的牛仔裤和洁白的衬衣的飞茹对我说:“那时候，每一次舞蹈和拥抱之后，我的身心都会有一点放松。我很佩服‘体会’这个词，身体里储藏着很多记忆，身体释放了，心灵也就慢慢松弛了。这一次，我和您就握手告别。”

有一种笑，令人心碎

做心理医生，看到过无数来访者。一天有人问道，在你的经历中，最让你为难的是怎样的来访者。说实话，我还真没想过这个问题，他这一问，倒让我久久地愣着，不知怎样回答。

后来细细地想，要说最让我心痛的来访者，不是痛失亲人的哀号，或是奇耻大辱的啸叫，而是脸挂无声无息微笑的苦人。

有人说，微笑有什么不好？不是到处都在提倡微笑服务吗？不是说微笑是成功的名片吗？最不济也是笑比哭好啊。

比如一个身穿黑衣的女孩对我说，您知道我的外号是什么吗？我叫“开心果”。我是所有人的开心果。只要我周围的人有了什么烦心事，他们就会找到我。我听他们说话，想方设法地逗着大家快乐，给他们安慰。可是，我不欢喜的时候，却找不到一个人理我了。周围一片灰暗，我只有一个人躲在被窝里哭……

我听着她的话，心中非常伤感，但她脸上的表情让我百思不得其解。那是不折不扣的笑容，纯真善良，几乎可以说是无忧无虑的。连我这双饱经风霜的老眼也看不出有什么痛楚的痕迹。她的脸和她的心，好像是两幅不同的拼图，展示着截然相反的信息，让人惊讶和迷惑，不知它们该主哪一面。

我说，听了你的话，我很难过。可看你的脸，我察觉不出你的哀伤。她下意识地摸摸自己的脸说，咦，我的脸怎么啦？很普通啊。我平时都是这样的。

于是我在瞬间明白了她的困境。她脸上的笑容是她的敌人，把错误的信息传达给了别人。当她需要别人帮助的时候，她的脸、她的笑容在说着相反的话——我很好，不必管我。

有一个男子说他和妻子青梅竹马，说他以妻子的名字起了证照，办起了自家的公司。几年打拼，积聚下了第一桶金。小鸟依人的妻子身体不好。丈夫说，你从此就在家里享福吧，我有能力养你了。你现在已经可以吃最好的伙食和最好的药，等我以后发展得更好了，你还可以戴着最好的首饰去看世界上最好的风景。再往后，你也会住上最好的房子……他为妻子描画出美好的远景之后，就雷厉风行地赚钱去了。当他有一天风尘仆仆地回到家中时，妻子不在屋中。他遍寻不到，焦急当中，邻居小声说，你不是还有一套房子吗？他说，不，我没有另外的房子。邻居锲而不舍地说，你有。你还有一套房子。我们都知道，你怎么能假装不知道？男子想了想说，哦，是了，我还有一套房子。你能把我带到那套房子去吗？邻居说，一个人怎么能忙得把自己的房子在哪里都忘了呢？它不是在 ×× 路 ×× 号吗？邻居说完就急忙闪开了，不想听他道谢的话。男子走到了那个门牌前，看到了自己最要好的朋友的车就停在门前。他按响了门铃，却没有人应答。

这是一栋独立的别墅，时间正是上午 10 点。男子找了一个合适的角度，可以用眼睛的余光罩住别墅所有的出口和窗户。然后他点燃一支烟。他狠狠地抽了半天，才发现根本就没有点燃。他就这样一支接一支地抽下去，直到太阳升到正午，还是没有见到任何动静。他面无表情地等待着，知道在这所别墅的某个角落里有两道目光偷窥着自己。到了下午，他还如蜡像一般纹丝不动。傍晚时分，门终于打开了，他的朋友走了出来。他迎了上去，在他还没有开口的时候，那个男人说，算你有种，等到了现在。你既然什么都知道了，你要怎么办，我奉陪就是了。说着，那个男人钻进车子，飞一样地逃走了。丈夫继续等着，等着他的妻子走出门来。但是，直到半夜三更，那个女人就是不出来。后来，丈夫怕妻子出了什么意外，就走进别墅。他以为那个懦弱负疚的妻子会长跪在门廊里落泪不止，他预备着原谅她。但他看到的是盛装的妻子端坐在沙发里等他，说，你怎么才来？我都等急了。我告诉你，你听不到你想听的话，但你能想得出来所有的事情都发生了，你爱怎么办就怎么办吧，我们等着你……说完这些话，那个女人就袅袅婷婷地走出去了，把一股陌生的香气留给了他。他说，那天他把房间里能找到的烟都吸完了，地上堆积的烟灰会让人以为那里曾经发生过火灾。

我听过很多背叛和遗弃的故事，这一个就其复杂和惨烈的程度来说并不是太复杂。之所以印象深刻，是因为这位丈夫在整个讲述过程中的表情——他一直在微笑，不是任何意义上的苦笑，而是真正的微笑。这种由衷的笑容让我几乎毛骨悚然了。

我说，你很震惊，很气愤，很悲伤，很绝望，是不是？

他微笑着说，是。

我恼怒起来，不是对那对偷情的男女，而是对面前这被污辱和损害的丈夫。我说，那你为什么还要笑？！

他愣了愣，总算暂时收起了他那颠扑不破的笑容，委屈地说，我没有笑。

我更火了，明明是在笑，却说自己没有笑，难道是我老眼昏花或是神经错乱了吗？我急切地四处睃寻。他很善意地说，您在找什么？我来帮助您找。

我说，你坐着别动，对对，就这样，一动也不要动。我要找一面镜子，让你看看自己是不是无时无刻不在笑！

他吃惊地托住自己的脸，好像牙疼地说，笑难道不好吗？

我没有找到镜子。我和那名男子缓缓地谈了很多话。他告诉我，因为母亲是残疾人，父亲在他出生后不久就把他们母子抛弃了。母亲带着他改嫁了一个傻子，那是一个大家族。他从小就寄人篱下。谁都可以欺负他。出了任何事，无论是谁摔碎了碗、谁打烂了暖瓶，无论他是否在场，都说他干的，他也不能还嘴。他苦着脸，大家就说他是个丧门星，说给了他饭吃，他起码要给个笑脸。为了少挨打，他开始学着笑。他对着小河的水面笑，小河被他的泪水打出一串漩涡。他对着破碎的坛子里蓄积的雨水练习笑容，那笑容把雨水中的蚊子都惊跑了。他练出了无时无刻不在微笑的脸庞，渐渐地，这种笑容成了面具。

这个故事让我深深地发现了自己的浅薄。微笑，有时不是欢乐，而是痛苦到了极致的无奈。微笑，有时不是喜悦，而是生存下去的伪装。深刻检讨之下，我想到了一个词来形容这种状况，叫作——佯笑。

佯攻是为了战略的需要，佯动是为了迷惑敌人，佯哭是为了获取同情，佯笑是为了什么呢？当我探求的时候，发现在我们周围浮动着那么多佯笑。如果佯笑出现在一位中年及以上的人脸上，我还比较能理解，因为生活和历史给了他们太多的苍凉，但我惊奇地看到很多年轻人也被佯笑的面具所俘获，你看不到他们真实的心境。

其实，这不是佯笑者的错，但需要佯笑者来改变。我想，每一个婴儿出生之后，都会放声啼哭和由衷地微笑，那时候，他们是纯真和简单的，不会伪装自己的情感。由于成长过程中种种的不如意，孩子们被迫学会了迎合和讨好。他们知道，当自己微笑的时候，比较能讨到大人的欢心，如果你表达了委屈和愤怒，也许会招致更多的责怪。特别是那些在不稳定不幸福的家庭中长大的孩子，他们幼小的脑海还无法分辨哪些是自己的责任、哪些不过是成人的迁怒。孩子总善良地以为是自己的错，是自己惹得大人不高兴了。由于弱小，孩子觉得自己有义务让大人高兴，于是开始练习佯笑。久而久之，佯笑几乎成了某些孩子的本能。所以，佯笑也不是百无一用的，它掩饰了弱小者的真实情感，在某些时候为主人赢得了片刻安宁。

可是佯笑带来的损伤和侵害，是潜在和长久的。你把自己永远钉在了弱者的地位，不由自主地仰人鼻息。在该愤怒的时候，你无法拍案而起；在该坚持的时候，你无法固守原则；在合理退让的时候，你表现了谄媚；在该意气风发的时候，你难以潇洒自如；还可以举出很多。当很多年轻人以为自己的风度和气质是一个技术操作性的问题时，其实背后是一个顽固的心结，那就是你能否流露自己的真实情感。

我们常常羡慕有些人那么轻松自在和收放自如，我们不知道怎样获得这样的自由。最简单的方法就是全面地接受自己的情绪，做一个率真的人，学会和自己的心灵对话。你不可要求自己的脸上总是阳光灿烂。你不能掩盖和粉饰心情，你必须承认矛盾和痛楚。只有这样，我们才能真正成为驾驭自己的主人。

回到那位被背叛的男子，当他终于收起了微笑，开始抽泣的时候，我觉得这是他的大进步、大成长。他的眼泪比他的笑容更显示坚强。当他和自己的内心有了深刻的接触之后，新的力量和勇气也就油然而生了。

现代商战把微笑也变成了商品，我以为这是对人类情感的大不敬。微笑不是一种技巧，而是心灵自发的舞蹈。我喜欢微笑，但那必须是内心温泉喷涌出的绚烂水滴，而不是靠机器挤压出的呻吟。

请你不要佯笑。那样的笑容令人心碎。

压抑也许成癌

感觉是一切虚幻事件的核心。它从未确立过任何事情，但又和任何事情息息相关。情绪是埋在所有真实上面的浮土，不把它们清理干净，真相就无从裸露。

传统的教育，教导我们要忍让，要宽容，要忘却。然而长久的压抑会带来更大的反弹，积攒的痛苦如暴风骤雨般袭来，霹雳能将我们击为灰烬。

没有哪一样事物，通过压抑，可以自然而然地消失。地球内部的压力，会通过火山爆发来释放。水库的压力，会通过堤岸崩塌、洪水溃泻而释放。身体的不适，会演变成急病，让你不得不全神贯注地解决。金钱的压力，会恶化成破产。感情的压力，会走向分道扬镳。所以，要学会循序渐进地释放压力，千万不要忽略了小的不安。它们摞起来，会把精神压弯。

人们常常以为抑郁的人是没有能量的。我们看到他们萎靡不振，好似一团沾满灰尘的瘫软抹布。但其实，压抑是一种极大的能量，不信你看抑郁的人，他们可以决绝地自杀，从高处一跃而下，这需要何等的胆量和执着。千万不要轻视了抑郁的人，以为他们没有能力改变。能量执拗地存在着，只是失却了方向，不是向外攻击就是向内攻击。

尊重你的情感，并不是要情感直接做出决定，而是尊重情感的波涛起伏；不是压抑情感，而是疏通情感。中医说，不通则痛，通则不痛。先要将痛苦纾解开来。拧成一团乱麻的情绪症结，简直就是毒药。用不着外界的纷扰，单是内心的混乱，就完全能导致崩溃了。该恨谁，就在心中将他诅咒千遍，可以用最恶毒的字眼，只是不要让别人听到。你救赎的是自己的灵魂，和他人无关。如果还不解气，就把一个抱枕靠垫或荞麦皮枕头当作替罪羔羊，扔到地上拳打脚踢，直到羽绒飞扬、遍地鹅毛也在所不惜，荞麦皮漏撒一地，就慢慢扫起。假如怒火还未消，就在纸上写上仇者的姓名，然后明明白白地写出：我恨你！恨你……

我教过一个朋友这招，他咂咂嘴说，做不来。

我说，为什么呀？这并不是很难的动作啊！如果你找不到安静的地方，我可以把自己的家借给你。哪怕你声震九霄，也没有人会听到。

他说，那不是像个神经病吗？！

我说，怎么会！你压抑得太久，已经忘了如何来表达愤怒。整天装在西装革履的套子里，已经没有真的血肉。接触自己最内在的情感，它既然存在着，就必有其合理的走向。就像当年大禹治水，不是围追堵截，而是疏导引流。现在，你的情绪像堵车一样塞在一起，神经通路已完全不畅通，哪能做出英明决定？听我的，开始吧。

他犹疑着说，这很不习惯。

我说，是啊，你已经习惯了掩藏和压抑。其实，凡是在我们心灵中存在的能量，无论是正面的还是负面的，压抑都是有害的。你压抑了正面的能量，本该你承担的义务，你偏偏躲闪；本该你做出的决定，你犹豫不决；本该你担当的职务，你假装谦虚拱手相让……你以为你这是大度，是高风亮节，是安全、敦厚，其实不过是懦夫。而且那些被压抑的能量，迅速地凝变成了牢骚、怀才不遇、指手画脚、不在其位而谋其政，让人厌烦……这还算是好的，因为你把能量的矛头对准了外界。

更糟糕的选择，是缄口不语，把一切真知灼见藏在肚皮里，愣愣地旁观这个世界，在无人的风口抚胸长叹。向内攻击的结果也是以自身为假想敌，罹患种种疾病……被压抑的能量化作钢刀，在胸廓之内到处乱戳，也可能跑到哪里聚成块垒，就成了凶险的癌瘤。至于那些原本就是负面的能量，得不到宣泄，会更为虎作伥，肆无忌惮地向外攻击，最极端的变成了杀人的冲动也说不定。所以，情绪是万万压抑不得的，就像高压蒸汽，一定要给它找一个出口。不然，等着吧，爆炸是免不了的。

我所推荐的抱枕法，是一个简便易行、安全可靠的方法。只要你养成了习惯，对于让你万分不舒服的事，直面相对，找到问题的症结，把脾气宣泄出去，你会觉得云开雾散、月朗风清，精神就轻松了好多。

你可能半信半疑地说，好吧，我相信你一回，这样猛烈地自我发泄一通，情绪或许能平稳一些。但是，发泄完了，情况还是那个情况，现状还是那个现状，于事无补啊！

不！不是这样的！情绪遮挡着视线之时，我们能看到的出路是很少的，有时简直就是大雾弥天，日月无光。当我们安静下来，心灵的能量就渐渐呈现出来，就能发现很多被震怒的荒草遮掩的曲折小径。

你可能还是不信，希望你什么时候试一试。这法子成本不高，至多就是把抱枕摔开线了，芦花四扬，也没什么了不起的。我就曾经把一个枕头摔开了线，之后心平气和地把开线之处缝起，虽略损美观，但并无大碍。

有人能摸索出其他适合自己的方法排解幽愤，这也很好。比如阿甘，他的法子就是跑步。无休止地跑，在步履交替的过程中，他慢慢疗治了自己的创伤。

怎么样，朋友？你找到蒸发自己情绪的好法子了吗？如果你已经找到了，恭喜你啊，这样你就比较能面对真实的自我，不会把自己压抑出癌症来。

切开忧郁的洋葱

忧郁是一只近在咫尺的洋葱，散发着独特而辛辣的味道，剥开它紧密粘连的鳞片时，我们会泪流满面。

一位为联合国工作的朋友告诉我，她到过战火中的难民营，抱起一个小小的孩子。她紧紧地搂着这幼小的身躯，亲吻着她枯干的脸颊。朋友是一位博爱的母亲，很喜爱儿童，温暖的怀抱曾揽过无数孩子，但这一次，她大大地惊骇了。那个婴孩软得像被火烤过的葱管，萎弱而空虚，完全不知道贴近抚育她的人，没有任何欢喜的回应，只是被动地僵直地向后反张着肢体，好似一块儿就要从墙上脱落的白瓷砖。

朋友很着急，找来难民营的负责人，询问这孩子是不是有病或是饥寒交迫，为什么表现得如此冷漠。那个负责人回答说，因为有联合国的经费救助，孩子的吃和穿都没有问题，也没有病。她是一个孤儿，父母双亡。孩子缺少的是爱，从小到大，从没有人抱过她。因她不知“抱”为何物，所以不会反应。

朋友谈起这段往事，感慨地说，不知这孩子长大之后将如何走过人生。

不知道。没有人回答。寂静。但是有一点可以预见，她的性格中必定藏有深深的忧郁。

我们都认识忧郁。每一个人，在一生的某个时刻，都曾和忧郁狭路相逢。

自然界的风花雪月，人生的悲欢离合，从宋玉的悲秋之赋到绿肥红瘦的喟叹，从游子的枯藤老树昏鸦到弱女的耿耿秋灯凄凉，忧郁如同一只老狗，忠实而疲倦地追着人们的脚后跟，挥之不去。随着现代社会的发达，忧郁更成了传染的通病。忧郁症已经如同感冒病毒一般，在都市悄悄蔓延、流行。

忧郁像雾，难以形容。它是一种情感的陷落，是一种低潮的感觉状态。它的症状虽多，但灰色是统一的韵调。冷漠，丧失兴趣，缺乏胃口，退缩，嗜睡，无法集中注意力，对自己不满，缺乏自信……不敢爱，不敢说，不敢愤怒，不敢决策……每一片落叶都敲碎心房，每一声鸟鸣都溅起泪滴，每一束眼光都蕴含孤独，每一个脚步都狐疑不定……

一个女大学生给我写信，说她就要被无尽的忧郁淹没了。因为自己是杀人凶手，那个被杀的人就是她的妈妈。她说自己从三岁起双手就沾满了母亲的鲜血，因为在那一天，妈妈为了给她买一串糖葫芦过生日，横穿马路，倒在车轮下……

“为此，我怎能不忧郁？忧郁必将伴我一生！”信的结尾处如此写着，每一个字，都被水洇得像风中摇曳的蓝菊。

说来这女孩子的忧郁还属于忧郁中比较谈得清的那种，因为源于客观的、重要人物的失落，在某种程度上，是我们不得不面对的痛苦反应。更有那说不清、道不明的忧郁，树蚕一样噬咬着我们的心，并用重重叠叠的愁丝将我们裹得筋骨蜷缩。

忧郁这种负面情感的源头，是个体对失落的反应。由于丧失，所以我们忧郁。由于无法失而复得，所以我们忧郁。由于从此成为永诀，所以我们忧郁。由于生命的一去不返，所以我们忧郁。

从这种意义上讲，忧郁几乎是人类这种渺小的动物面对宇宙苍穹时与生俱来的恐惧，所以我们无法从根本上消除忧郁。我相信，凡有人类生存的日子，我们就要和忧郁为朋，虽然我们不喜欢，但我们必须学会与忧郁共舞。

正因为这种本质上的忧郁，所以我们才要在有限的生存岁月中挑战忧郁，让我们自己生活得更自由、更欢愉、更生气勃勃。

失落引发忧郁。当我们分析忧郁的时候，首先面对的是失落。细细想来，失落似可分为不同性质的两大类。

一是目前发生的真实与外在的失落，可以被我们确认并加以处理的。比如失去父母，失去朋友，失去恋人，失去工作，失去金钱，失去股票，失去名声，失去房产，失去自信……惨虽惨矣，好歹失在明处，有目共睹。

二是源自自我发展的早期便被剥夺或严重的失望经验，导致内在的深刻失落。这话说起来很拗口，其实就是失在暗地，失得糊涂，失得迷惘，失在生命入口的混沌处。你确切无疑地丢失了，却不知遗落在哪一驿站。

这可怕的第二种失落，常常是潜意识的，表明在我们的儿童期有着不同程度的缺憾和损失。因为我们未曾得到醇厚的爱，或因这爱的偏颇，使我们的内心发展受阻。因为幼小，我们无法辨析周围复杂的社会，导致丧失了对他人的信任，并在这失望中开始攻击自己。如同联合国那位朋友所抱起的女婴，她已不知人间有爱，她已不会回报爱与关切。在这种凄楚中长大的孩子，常常自我谴责与轻贱，认为自己不可爱、无价值，难以形成完整高尚的尊严感。

过度的被保护和溺爱，也是一种失落。这种孩子失落的是独立与思考，他们只有满足的经验，却丧失了被要求负责的勇气，丧失了学会接受考验和失败的能力，丧失了容纳失望的胸怀。一句话，他们在百般呵护下残害了自我的成长性和控制力的发展。他们的脑海深处永远藏着一个软骨的啼哭的婴孩，因为愤怒自己的无力，并把这种无能感储入内心，因而导致无以名状的忧郁。

人的一生，必须忍受种种失落。就算你早年未曾失父失母、失学失恋，就算你一帆风顺平步青云，你也必得遭遇青春逝去、韶华不再的岁月流淌，你也必得纳入体力下降、记忆衰退的健康轨道，你也必有红颜易老、退休离职的那一天，你也必得遵循生老病死、新陈代谢的铁律。到了那一刻，你是否有足够的弹性抵御忧郁？

还有一种更潜在的忧郁，是因为我们为自己立下了不可能达到的高标准，产生了难以满足的沮丧感。这种源自认定自我罪恶的忧郁症状，是与外界无关的，全需我们自我省察，挣脱束缚。

忧郁的人往往是孤独的，因为他们的自卑与自怜。忧郁的人往往互相吸引，因为他们的气味相投。忧郁的人往往结为夫妻，多半不得善终，因为无法自救亦无力救人。忧郁的人往往易于崩溃，因为他们哀伤，更因为他们羸弱、绝望。

难民营的婴儿，不知你长大后，能否正视自己的童年。失却的不可复来，接受历史就是智慧。记忆中双手沾着血迹的女大学生，你把那串猩红的糖葫芦永远抛掉吧，你的每一道指纹都是洁白的，你无罪。母亲在天国向你微笑。

不要嘲笑忧郁，忧郁是一种面对失落的正常反应。不要否认我们的忧郁，忧郁会使我们成长。不要长久地被忧郁围困，忧郁会使我们萎缩。不要被忧郁吓倒，摆脱了忧郁的我们，会更加柔韧刚强。

为什么是我

我会见全美癌症康复中心门诊部的吉妮赖瑞女士。她说：“我们这里有各式各样的癌症资料，你对哪些方面最感兴趣呢？”我说：“因为我自己就是女性，所以我对女性的特殊癌症很想多了解一些。”吉妮赖瑞说：“那我就向你详细介绍乳癌中心的工作情况吧。在美国，1999 年，共有新发乳癌病人 18.28 万。每个病人的手术费用是 1 万美元。政府对 40 岁以上的乳腺癌病人，每人提供 750 美元的帮助。”

乳腺癌是严重危害妇女健康的杀手，是第二号杀手，危害极大。

听着吉妮赖瑞女士的介绍，我叹息说：“身为女性，真是够倒霉的了。因为你是女的，因为你的性别，你就要比男人多患这个系统的疾病，而且不是一般的病患，一发病就这样凶险。”

吉妮赖瑞说：“是啊，我们作为没得这个病的人都这样想，那些一旦得知自己患了乳腺癌的妇女，内心所受的惊恐和震撼是非常巨大的。除了人最宝贵的生命受到了威胁以外，即使度过了急性期，也还有许许多多的问题摆在面前。有一些癌症，比如肺癌胃癌，做了手术，除了身体虚弱，从外表上看不出来。但是，乳腺癌就完全不一样了。即使手术非常成功，由于乳腺被摘除，女性的外形发生了极大的变化，曲线消失了，胸口布满了伤疤，肩膀抬不起来，上臂水肿……她觉得自己不再是个女人了，她不能接受自己的新形象。她的心理上所掀起的风暴，其猛烈的程度是我们常人所难以想象的。乳腺癌的病人，假如发现得较早，术后一般有较长的存活期，她们面临的社会评价、婚姻调适、就业选择等问题，就有了更多特殊的障碍。也许她这一时想通了，但一遇到风吹草动，沮丧和悲痛又会把她打倒。还有对复发的恐惧，化疗中难以忍受的折磨，头发脱落青春不再……

“所以，我们专为乳腺癌病人办的刊物的名称就叫作——《为什么是我？》”

为什么是我？

我轻轻地重复着这个名称。乍一听，有点儿不以为然，觉得不像个刊物的名称，不够有力，透着无奈。但设身处地一想，假如我得知自己患了乳腺癌（我猜大多数人一定是从检验报告中得知的那一瞬，恐怖而震惊），面对苍穹，发出无望的呻吟和愤怒的控诉，极有可能就是这句凄冷的话——为什么是我?!

我说:“你们这个刊物的名称起得好。这使那些不幸的妇女，听到了一声好像发自她们内心的呼唤。”

吉妮赖瑞说:“是啊。孤独感是癌症病人非常普遍的情绪。现代人本来就很孤独，你若得了癌症，更感到自己是世界上最倒霉的人，觉得别人都难以理解你。特别是女性，那一刻的绝望和忧郁，可能比癌症本身对人的摧残更甚。我们首先要帮助病人收集有关的资料，让她尽快地得到良好的治疗。当然，我们也会推荐她们多走访几家医院，多看几位医生，听听各方面的意见。如诊断无误，就及早手术。在疾病的早期，信息的收集、沟通和比较是非常重要的。我们的工作主要集中在这方面。病人一旦进入手术室，我们就转入下一个步骤。也就是说，当患病的妇女乳房被切掉的那一刻，我们的志愿者就已经等在手术室的门外了。

“患病的妇女从麻醉中醒来，都会特别关注自己乳房的情况。这时，我们组织的受过专门训练的护士，就要为她们开始服务。待到病人们的身体渐渐康复，下一步的心理和精神支持就变得更加重要了。

“我们的癌症看护中心是一个有着56年历史的机构，和各个医院都有很密切的联系，可以及时得到很多情况。我们还在报上发表‘征友启事’，建立起乳腺癌病人的小组。从我们的经验看，小组的分类越细致越好。乳腺癌本身就有各种分期，早期、中期、晚期……各期病人所遇到的具体困难和对生命的威胁以及其他相关问题，每个人考虑的轻重缓急是不一样的。还有年龄的区别，一个20多岁的白领女性和一个70多岁的贫民老人，忧虑的问题显然也是不相同的。所以，经过广泛的征集，我们建立起各式各样的乳腺癌康复小组。比如新发的还是复发的，比如是有孩子的母亲还是独身女性，比如是离异的还是未婚的，比如乳房修复是成功还是不很成功的，比如有乳腺癌家族史还是没有这种历史的，比如是非洲裔还是亚洲裔……

“特别是在长期存活的乳腺癌病人当中，遇到的问题就更是常人所不曾遇到的。比如未婚还是离异的乳腺癌病人，是否再次结婚？何时交友较为适宜？再婚的风险性如何？怎样与男性约会？在交往的哪一个阶段，告知男友自己的乳腺癌病况……”

这一番介绍，直听得我瞠目结舌。以我当过医生的经历，想象这些都不是很困难的事情，但最关键的是——我从来也不曾考虑过这些问题。我相信自己在医生当中绝非最不负责任的，但我们当医生的，即使是一个好医生吧，也只是局限在把病人病变的乳房切下来，没有术后感染，我的责任就尽到了。病人出院了，我的责任也就终结了。至于这个病人以后的生活和生存状态，那只有靠她自己挣扎打斗了。有多少泪水在半夜曾湿透衾被？有多少海誓山盟的婚姻在手术刀切下之后也砰然而断？

身为女性，身为医生，我为自己的粗疏和冷漠而惭愧。我由衷地钦佩这家机构所做的工作。疾病本身并不是最可怕的，世界上没有一种原因，可以直接导致人的苦闷和绝望。可怕的是人群中的孤独，是那种被人抛弃的寂寞。癌症使人思索很多人生的大问题，它可怕的外表之下，是一个坚硬的哲学命题。你潇潇洒洒随意处置，曾以为是无限长的生命，突然被人明确地标出了一个终点。那终点的绳索横亘在那里，阴影的紧迫已经毫不留情地投射过来。人与人的关系，在这天崩地裂的时候，像被闪电照亮，变得轮廓清晰、对比分明。灾难是一种神奇的显影剂，把以往隐藏起来的凸显出来，模糊的尖锐起来，朦胧的变得锋利，古旧的娇艳起来。在这种大变故的时候，人是孤单的，人是渺小的，人是脆弱的。

中国有句古话，叫作“人生得一知己足矣”，又说“同病相怜”。我觉得癌症康复中心小组的精髓，就体现在了这一点。在茫茫人海中，把相同的人挖掘出来，是一项伟大的工程。也许你正躲在暗处哭泣，但走进一间明亮的房间，你看到 100 个和你同样的人，同样的病症，同样的经历，同样的苦恼，然而她们正在微笑。这本身就具有多么大的喜剧意义啊。

这是一个朴素的做法。凡是具有穿透人心的魔力的事件，本身都是朴素的。人们相濡以沫，勇气就在相互的交往中发酵着、膨胀着，汇成强大的力量。

费城被阉割的女人

写下这个题目，心中战栗。这不是我起的题目，是她自己——那个费城的女人对自己的命名。那个秋天的午后，在费城雪亮的阳光下，我们都觉出彻骨的寒冷。

从华盛顿到纽约，中途停顿。从费城下火车，拖着沉重的行囊。我们（我和翻译安妮）要在这里拜会贺氏基金会的热娜女士，进行一场关于女性的谈话。计划书上，这样写着：我们将同贺氏基金会的负责人热娜一同共进午餐，地点由她选定，费用 AA 制。

热娜是一位身材瘦小的白人女性，面容严峻。握手的时候，我感到她的手指有轻微的抖动，似在高度紧张中。她同我们抵达一座豪华的五星级饭店，闹得我也开始紧张。

我觉得美国人普遍受过训练，谙熟在察觉自我紧张之后的处理方式，就是将它现形，直接点出紧张的原因，紧张也就不攻自破了。落座后，热娜挑明说："我有些紧张。通常，我是不接待新闻和外事人员的。只是因为你是从中国来，我才参加这次的会面。基金会接到来自世界各地妇女的咨询电话，每年约有一万次。但是，来自中国的，一次也没有。从来没有。”

我说：“当中国妇女了解了贺氏基金会的工作之后，你也许就会接到来自中国的电话了。”

热娜开始娓娓而谈：

贺氏基金会主要是为可能切除子宫和卵巢的女性提供咨询。在基金会的资料库里，储存着最丰富、最全面、最新近的有关资料，需要的女性都可以免费获得。

据我的统计，全世界有 9000 万妇女被切除了子宫，其中的 6000 万被同时切除了卵巢。在美国，这个数字是全美每年有 60 万妇女被切除了子宫，其中的 40 万同时被切除了卵巢。卵巢和子宫，是女性最重要的性器官，它们不是不可以切除，但那要为了一个神圣的目的，就是保全生命的必须，迫不得已。而且，身为将要接受这种极为严重的手术的女性，要清楚地知道将要发生在自己身上的是怎样一回事，它有哪些危险，不但包括暂时的，也要包括长远的。

但是，没有。没有人告知女性这一切。有多少人是在模糊和混乱的情形下，被摘除了自己作为女性的特征。我个人的经历就是最好的说明。

我的经历对我个人是没有什么帮助了，但我要说出来，因为它对别的女性可能会有帮助。噩运是从 18 年前开始的。我在宾夕法尼亚大学心理系任助理研究员，同时还在上学。那时我 36 岁，有三个孩子。每天很辛苦，早上 5 点半起床，送孩子到幼儿园去，晚上 10 点半才能回到家。我的月经开始不正常，出血很多。我的好朋友为我介绍了一个医生，我去看。他为我做了检查之后说，我的子宫里有一个囊肿，需要切除。我很害怕，就连着看了五个不同的医生。他们都说需要切除。我记得最后一位是女医生，她说："你必须手术，你不能从我这里回家。因为你回家之后就可能会死，那样你就再也看不到你的孩子了。"我说："做完了手术之后，会怎么样呢？"她说："你会感觉非常好的。"我还是放不下心，就到图书馆去查资料，书上果然说得很乐观，说术后对人不会有什么影响。我相信了这些话，同意手术。

手术的前一天晚上，我的感觉不好，很不好——我的第六感告诉我。我把不安对丈夫说了，他是一个律师，听了以后很不高兴，说你不要这样婆婆妈妈的。医生说："你不做手术会死。"填手术申请表的时候，他说："这上面有一栏，必要的时候，除了子宫以外，可能会切除你的卵巢。"我说："我不切。"他说："可是我已经签了字。"我说："你换一张表吧，另签一次。"这件事我记得非常清楚，那是犹太节的前一天。

后来，在手术中，没有征得我们的同意，医生就把我的子宫和卵巢都切除了。我是满怀希望地从手术中醒来的，但没想到，我整个变了一个人。那种感觉非常可怕，没有词可以形容。我从医院回到家里，觉得自己的房子变得陌生，一切都和以前不一样了。我极力说服自己忽视和忘记这些不良的感觉，快乐起来，但是我的身体不服从我的意志。子宫不仅仅是一个生殖的器官，而且还分泌激素。切除之后对女性身体的影响，大大超出人们的想象。据统计，76% 的女性切除子宫之后，不再出现性高潮，阴蒂不再接受刺激，阴道内也丧失了感觉。很多女性的性格发生了改变，变得退缩，不愿与外界打交道，逃避他人。如果你因此去看医生，医生总是对你说，这是心理上的问题，但我要用自己的经历说明，这不是心理上的，而是生理上的。

我的身体一天天差下去，做爱时完全没有感觉，先生就和我疏远了。我把自己的感觉告诉他。我说："我走路的时候，总是听到声响，我以为背后有人，回头看看，没有人，可是那声音依然存在。后来我知道了，那声音是从我的盆腔里发出来的。"可他不愿听。两个月后，我的情况越发严重起来。我的腿、膝关节、手腕、肘部……都开始痛，我连吃饭和打电话的力量都没有了，甚至看书的时候，都没有力气翻动书页。我去看骨科医生，他说我的骨骼没有毛病。但是我的症状越来越重，医生们怀疑我得了某种不治之症，就把我关进了隔离室。但我连被子的重量都承受不了，医院就为我定制了专门的架子，放在床上，以承接被子的重量。

就这样煎熬着。医生们不知道我得的是什么病，但我非常痛苦。后来，我的丈夫和我离了婚。一位实习医生说，他认识中国来的针灸大夫，或许能看我的病。我半信半疑地到中国城去了一趟，那里又脏又破，简陋极了。我是一个受西方教育的人，很相信西医。我什么也没同针灸大夫说，就转身走了。

这样又过了两年。我的体重下降得很厉害，只有75磅，再不治，我马上就要死了。每天睁开眼，我就想："我还有什么活下去的理由呢？"我想自杀。但我想到，一个孩子，他可能有第二个父亲，但不会有第二个母亲。为了我的孩子，我要活下去。后来，我的朋友把我抬到针灸大夫那里。

前几次，好像没有什么明显的疗效，但是从第四次起，我可以站起来了。到了第二个月，我的骨骼就可以承受一点儿重量了，我能戴手镯了。

每周两次针灸，这样治疗了九年后，我的身体渐渐恢复。我开始研究我所得的病，收集资料，我的孩子也帮着我一起查找。这一次，我找到了病因，这是子宫切除后的典型症状之一。此后的两年里，我一直钻到图书馆里，直到成为这方面的专家。

这时候，我遇到了一位同样切除了子宫的女性，她只有28岁，切除术后，也是感觉非常不好。她对我说："医生为什么没有告诉过我这一切？他们只说术后会更好，但真实的情况根本就不是那么一回事。"她还说："事先，我也问过一位同样做过这种手术的女友，我问她：'会比以前更好吗？'她说：'是的，是这样的。'但我做完了手术，感觉很不好的时候，我再次问她，她说，她的感觉也很不好。我说：'那你为什么不在事前告诉我实话呢？'她说，她不愿说实话。她不愿独自承受痛苦，她希望有更多的人和她一样痛苦。"

这时，我才发现，有这种经历的不仅仅是我一个人。在女人被切除子宫和卵巢之后，改变的不但是性，还有人性。我还见过一个女孩子，只有18岁，简直可以说是个儿童，也被切除了子宫。她热泪盈眶地说："为什么没有人告诉我一切？"她的母亲也曾做过子宫切除，但她的母亲也告诉她，做过之后会更好。手术之后，她对母亲说："为什么连你也不告诉我真相？"母亲说："没有人敢说'我没有性别了'，说'我丧失性了'。就算我是你的母亲，这也是难以启齿的事情。这是隐私，你不可能知道真相。"

我知道，这不仅仅是我个人的事情了，是众多女性面临的重大问题。我要尽我的力量。我到电视台去宣讲我的主张，我的孩子和我离婚的丈夫都在看这个节目。临进演播室的时候，我吓得要命，一口气吞下了两颗强力镇静剂。

我说，这个世界上有这么多被阉割的女人，有多少人清楚地知道将要发生的一切，会给她们带来怎样深远的影响？医生不喜欢听“阉割”这个词，但事实的真相就是如此。我做研究，喜欢用最准确、最精当的词来描述状态，无论那状态有多么可怕。这些女人有权利知道将要发生的事情。

我说，不要以为在这个过程中，女医生和过来人的话就可以听。女人伤害起女人来、背叛起女人来，也许比异性更甚。人性的幽暗在这里会更充分地暴露。

劝你做子宫摘除术的女医生会说：“你还要你的子宫干什么？你已经有孩子了，它没有用了。”在这种时候，女医生显示的是自己的权力。她只把子宫看成是一个没用的器官，而不是把它和你的整个人联系在一起。

在美国，摘除女人的子宫是医院里一桩庞大的产业。每年，妇女要为此花费出 80 亿美元。这还不算术后长期的激素类用药的费用。可以说，在药厂的利润里，浸着女性子宫的鲜血。所以，医生与药厂合谋，让我们的空气中弥漫着一种谎言。他们不停地说：“子宫是没有用的，切除它，什么都不影响，你会比以前更好。”面对这样的谎言，做过这一手术的女性，难以有力量说出真相，总以为自己是一个特例。她们只有人云亦云地说："很好，更好。"于是，谎言在更大的范畴内播散。

我并不是说，子宫切除术和卵巢切除术就不能做。我不是这个意思。我只是说，在做出这个对女性有重大影响的决定中，女性有权知道更多，知道全部。

那一天，我说了很多很多。我都说了。我不后悔，可是我说完之后，在大街上走了许久许久，不敢回家。后来是我的孩子们找到我，他们说："妈妈，你说得很好啊。"

我成立了这个贺氏基金会，我这里有最新的全面资料。当一个女性要进行子宫和卵巢手术的时候，可以打电话来咨询。这就是我现在的工作。完全是无偿的。我还组织全世界丧失子宫和卵巢的妇女来费城聚会，我们畅谈自己的感受。在普通的人群中，你也许会感到自卑，觉得和别的女人不一样，甚至觉得自己不再是女人了。但在我们的聚会里，你会看到这个世界上和你一样命运的还有很多人，你就有了一种归属感。你会更深刻地感知人性。

热娜一直在说，安妮一直在翻译，我一直在记录。我们在费城只做短暂的停留，然后就要继续乘火车到纽约去。我们各自的午餐都没有时间吃，冷冷地摆在那里，和我们的心境很是匹配。

热娜送我们赶往火车站。分手的时候，她说："我说了很多话，你几乎没有说什么话。可我能感觉到你是一个善良的人，我现在很会感知人。从当年那位中国针灸医生身上，我就知道中国有很多善良的人。”

绝望之后的曙光

我们五个女兵于 1969 年 4 月被分配到西藏阿里军分区，分区是 1968 年成立的，所以说我们是阿里军分区的第一批女兵。我是 1952 年 10 月出生的，当时是 16 岁半。

过“五一”了，说有一辆大轿子车和一辆大解放车结伴上山，让我们 5 月 2 日 9 点到大门口集合。当我们按照预定时间准备上车的时候，才发现探家回来的干部战士早就上了车，黑压压地把大轿子车的位子都坐满了。那时候的军人多半来自乡下，没有照顾女士的概念，况且他们原也不知道会有女兵上山，就满车寂然一言不发地盯着我们看。我是班长，看看车子最后一排还能挤进两个人，就叹了一口气说，三个人上解放车大厢板，两个人留在这辆车上。等明天咱们再内部调换一下，自己把苦乐匀匀吧。

从喀什上到狮泉河，那时要走六天。六天当中，没有哪位男性军人愿意把他们的座位让给这些年轻的女孩子，我们就自己互相帮助。道路极其颠簸，在一次最剧烈的晃动中，一个女兵的头把大轿子车的天花板顶碎了一个洞。那个女兵姓孙，疼得抽噎起来，满车的男军人们一阵哄笑，说："你是孙猴子，有一个铁打铜铸的脑壳，把车都毁了。"

六天的路程，山高水远。我坐在解放车的大厢板上，穿着大头鞋，裹着皮大衣，蜷缩成一团。从车篷布的缝隙中看着阿卡子达坂和界山达坂上纷飞着的鹅毛大雪，听着缠有防滑链的车轮在雪地和碎石上碾过的细碎声响，觉得以前在北京温暖家中读书的日子，是一个梦。六天中，没有任何阿里的男性军人们给过我们丝毫关照。当我们终于在第六天夕阳西下的时候到达狮泉河镇，迎接我们的阿里军分区卫生科的领导又表现得匪夷所思。他们围着我们五个人转了好几圈，然后面面相觑、毫无表情地走了。

五个女兵站在荒凉的戈壁上，完全不得要领。我至今仍要感谢大脑缺氧和严重的高山反应带来的木讷和迟钝，让我们在这段不知道有多久的时间内，没有哭，没有叹息，也没有思索，一言不发。在这段思维空白的时间里，我看着远处的夕阳像一张金红色的巨饼，无声无息地缓缓降入峰峦之口，大地变得一片苍茫。

等卫生科的领导再次出现的时候，就很热情了，连连说着"欢迎你们"，接过了我们的背包和脸盆。

科长后来解释他们的做法：曾经收到过南疆军区的电文，说是给卫生科派去了五名卫生员，但并没有说明是女子。在我们之前，阿里军分区从来没有女兵，所以他们头脑中也没这根弦。接站时刻，突然发现来者是女孩子，遂大吃一惊、措手不及。他们原本是把我们分散安排在各个男兵宿舍，一见之下情知不妥，赶紧回去倒腾房子。

我们五个都是1969年的兵，2月入伍，在新兵连集训了两个月，学的都是齐步走投弹射击什么的，其余的时间就是种菜送粪，并没有经过任何医学训练。到了卫生科，马上安排我们到病房工作，连最基本的肌肉神经在哪里都不知道，就让我们开始上班了。

那时病房有12张病床，经常住得满满的，还要加床。记得第一天打针，老卫生员告诉我，你在病人的半边屁股上画一个“十”字，然后在“十”字外四分之一处把针戳进去就行了。千万不要打到靠内侧啊，那样伤了神经，会把人打瘫的。

这番话他跟我说过好几遍了，可我还是下不了手。老卫生员说：“这又不是扎你自己，有什么可怕的，一狠心一咬牙就攮进去了。”

我说：“这跟学木匠可不一样，人都是肉长的。”

老卫生员说：“人肉可比木板软多了。”

不管他怎么说，我还是没法上阵。老卫生员一副“恨铁不成钢”的模样，答应我先在棉被上练习一下。我表示可以“一不怕苦二不怕死”在自己身上练习，但肌肉注射这个事，只能在别人身上练习，自己就不太好操作了。过了好几天，当我在棉被上扎得基本熟练之后，才推着治疗车进入病房。我的第一针是给一个叫“黄金”的战士注射青霉素。老卫生员说得不错，人的肌肉比木板好扎多了，比棉被也要容易进针。扎完之后，黄金一个劲地感谢我，说一点都不疼。我自己知道这是为什么。因为用的劲过大，针头全部飞快地刺进肌肉，所以几乎不疼。缺点是这样进针十分鲁莽，如果针断在皮肉中，取出来就很困难。算这位黄金战友命大，既不感觉到疼，也没有碰上断针这样的倒霉事，过了一关。

1970 年底，要开始野营拉练了。我们都纷纷写决心书，报名参加拉练，要求到火线上去锻炼。繁忙的准备工作开始了，主要是给自己做一口锅，以便独立野炊的时候能吃得上饭。具体方法是先用锉刀把罐头盒锉开，这样才能最大限度地保存罐头盒盖子的完整，在做饭的时候少跑一点气。然后在罐头盒盖子（现在已经变成锅盖子了）上凿个小洞，在罐头盒锅体上也穿个小洞，两洞合一，用铁丝拧紧，简易小锅大功告成。

出发的前一天，我们把拉练需要携带的物品——比如枪支弹药、红十字包、干粮袋、帐篷雨衣、被褥行李等，都背在身上，跳上磅秤一量，将近 200 斤。那时我们的基本体重（穿上棉袄棉裤绒衣绒裤大头鞋，戴上皮帽子）大约是 120 斤，也就是说，负重在 70 斤以上。

出发了。

风餐露宿，跋山涉水。1971 年 1 月，数九寒天，阿里高原最寒冷的日子。日日急行军，给我留下最深印象的是从葛尔昆沙到班卡的一段路。设定的行军路线图要翻越无人区，路上完全没有水，所以要每人背上一块冰。也没有柴草，要背上牛粪。当天赶不到班卡就没有地方宿营，必须要走 120 华里山路。大约是凌晨 3 点钟，队伍起程了。

120 里路，在海拔 5000 米以上的高山之巅，就是巨大的挑战了。上午还好，虽然气喘吁吁，总算不掉队地走了下来。中午吃饭的时间到了，要求各自起火。我们先是把背上的冰取下来，砸成小块，放到罐头盒的小锅里，然后再找到几块小石头，把罐头盒垫起来，算作灶台。再把牛粪干塞到石头的缝隙里，点火开始做饭。等到水开了，把干粮袋里的生米下锅，米熟了，就可以开饭了。

这个过程说起来简单，其实不易。单是在大风中划着火柴，就要费半天的工夫。火柴梗丢了一地，还是无法引燃，我向战友借打火机。他说：“这里海拔太高了，打火机也很难打着，我的打火机有个外号，叫作‘半个世纪’。”

他以为我一定会好奇地问打火机为什么要叫“半个世纪”，可我又累又饿，根本没心情说话。他只好自己说下去：“因为要连续打五十几下，才能冒出火苗。”我好不容易把牛粪火点燃，瞬即又被大风吹熄，只得重点。几番折腾之后，冰融化成了点点滴滴的水，发出嗞嗞啦啦的响动。我赶快抓起一把生米下锅，罐头盒内又无声无息了。千呼万唤好不容易才把米泡开，我尝了一下基本上可以吃了，却不料一不小心，支撑罐头盒的石头晃了一下，整个盒子倒扣下来，湮灭了牛粪火，所有的米粒也都撒在外头，白花花一地，马上冻结在石头上，没法吃了。

欲哭无泪。因为各自起火做饭，罐头盒就那么一点大，别人的饭食也很有限，我不能求助。正在想着是不是重新煮米，出发的号声响了。

一座险峻的高山横在路上。到了傍晚的时候，只爬到半山，饥寒交迫，我只觉得自己再也坚持不下来了。心跳得好像要从嗓子里喷出来，喉头咸腥，一张嘴仿佛会血溅大地。背上交叉的皮带，一条属于手枪，一条属于红十字包，如同两条绞索，深深地嵌进了肩骨。两腿沉重如铅，眼珠被耀眼冰雪刺得发盲，不停地流泪……我问自己，人这样活着还有什么意义？我身上的所有感官，感受到的都是痛苦与折磨，这样的生命，我再也不想拥有了。我要结束生命，从此长眠，埋骨雪山。

我认真地开始寻找致死的机会。我想，第一要像失足落下悬崖，这样就算因公牺牲，我就会被追认为烈士，对家里人也就有个交代了。第二是不摔则已，要摔必死。因为如果不死，只是断了胳膊折了腿，还得劳烦战友们下到谷底抬着我走。艰苦行程中，人人自身难保，再负重行军，我就成了罪人。第三，必须摔得粉身碎骨，让人从高处一看就知道根本找不到我的尸骨。放弃寻找，给大家方便。

这三条想好之后，我已抱定了必死的决心，只剩下具体实施了。我原来以为死是比较容易的事情，其实真要寻死，也并不简单。第一次，我看好了一个地方，就要放开攀岩的手的时候，突然发现底下的石头不够尖锐，摔而不死就糟糕了。第二次选中的地方，又觉得那里的积雪太厚了，也难以一摔致命。第三次，怪石嶙峋积雪菲薄，摔下去必死无疑，但因为是在队列中行进，我后面的那个人亦步亦趋跟得太紧，如果我一失手坠落，背上凸起的背包在堕下的过程中挂上他，他在毫无准备的情况下，很可能被我牵连着一同摔下去……

我不能伤了战友的生命。机会稍纵即逝，我眼睁睁地看着那块最佳的自杀之地离我远去。天不可阻挡地黑下去了，天黑之后，自杀就变得更为困难。主要是看不清地形，如果摔不死，就会被活活冻死，那太可怕了。我不怕死，可我害怕慢慢地煎熬。

寻死不得，就只有像架机器似的向前向前……队伍中是不能容忍停滞不前的。完全没有了思想，没有了方向，只有挺进。周围是一片黑暗，我从来没有见过那样黏腻厚重的黑暗，头脑中也是一片黑暗，如同最深的海底，渺无希望。

大约到了凌晨 3 点的时候，我们终于抵达了班卡哨所。我们不停顿地行走了 24 个小时，气温是零下 38 度。

那天晚上（正确地讲应该说是黎明），我以为自己会蒙头大睡，不想脑筋却冰雪一样清冷。我想，人在最艰苦的时候，常常会产生绝望，以为自己就此倒下，一了百了。但只要不懈地坚持，其实也没有什么了不起的，曙光会重新出现。

1980 年我转业回北京。受理户口的民警登记时问我："你一入伍就分到西藏阿里军分区，一直到转业，都是在这个单位工作吗？"我说："是。我当兵11年，只在一个单位工作过，那就是西藏阿里军分区。"

坦言——心灵的力量

在报上看到两个年轻人的故事。他们非常聪明，是很好的朋友，都有硕士学位，并且在证券业有骄人的成就。其中一位还获得过全国证券交易排行榜第五名。

他们可谓少年得志，面前也有辉煌的前景。受一位朋友的引荐，他们双双接受一家公司的委托，成为国债交易的操盘手。应该说，他们工作很努力，三个月后，他们已经为公司净赚了 200 万元。但是，公司一直未与他们签订聘用合同，也没有在提成方面有一个明确的分配。他们内心不平衡。甲就对乙说，咱们给公司赚了那么多钱，他们对我们也没有个交代，找个时间把国债做一下，给公司施加一点压力。

两个人策划之后，一个自以为得计的阴谋形成了。他们又找到了在武汉也是做操盘手的丙，让他准备一笔 2000 万的款子，伺机而动。

约定的日子到了。他们的手法说复杂很复杂，不在其中的人，是绝不能操纵成功的。说简单也简单，就是甲和乙不按常理，在开盘集体竞价的时候，把一只头一天还报 113 元卖出的国债，共计 4 万手，按 80 块钱卖出，企图让武汉的丙把它们买下来。最后给公司造成了 400 万元的损失。

现在，这两位曾经才华横溢、前程远大的青年，在铁窗内度日。他们的一生将因此笼罩在巨大的阴影中。在牢狱中，他们叹息自己不懂法律，付出了惨痛的代价。也许法学家或是金融学家能从这一案例当中分析出各种经验教训，在我看来，还有一个极为重要的方面不应被忽视。

这一起重大案件的起因，就是因为甲和乙的心理不平衡造成的。他们还不够有经验，在和公司合作伊始没有把劳务合同和奖惩条例签好，这是他们的一个失误。有了失误，可以挽回，他们本可以向公司方面坦陈自己的意见，来个亡羊补牢。可是，他们似乎根本就没有朝这个正确的方向努力，而是一步就迈向了法律所禁止的边缘，开始了犯罪的谋划。

我们常常听到这样的故事。一对年轻人，彼此都很有好感，可是谁都没有勇气表白自己的内心。于是无数的旁敲侧击、无数的委屈和误会、无数的试探和揣摩，窗户纸始终不能捅破。结果呢，清高占了上风，谁都等着对方说第一句话，最后不了了之。漫长岁月后，都已人到暮年，再次重逢袒露心迹，才知彼此的家庭都不幸福，后悔当年的迟疑。但现实是残酷的，逝去的青春不可能改写，只能存留永远的遗憾。

回想我们的经历，真是有太多时候我们没有勇气将自己的真实想法和盘托出，我们一厢情愿期待着事件按照我们的想象向前发展。可惜这样的机遇总是十分稀少，不如意者十之八九。一旦失望，要么退避躲让，要么走向极端，却忘了一条最直接最简单的捷径，那就是——坦言。

其实，如果那两个年轻的操盘手在走马上任三个月后，认为没有得到相应的待遇，心中愤愤，就可以直截了当地提出意见，争取自己的利益。如果公司方面答复不如意，他们也可以用更坚决更理智的方法争取合法权益。可惜啊，他们舍近求远，他们弃易取难，甚至不惜用犯罪这样极端的手段，来达到一个原本正当的目的。

世上有多少痛苦和支离破碎，是因为双方的故弄玄虚而致？世上有多少悲剧，是因为误解和朦胧而发生？世间有多少罪恶，是因为隔膜和延宕而萌生？世上有多少流血和战争，是因为彼此的关闭和封锁而爆发？

坦言的“坦”字，在字典里的含义是“平”。把自己想要表达的意见一马平川地说出来，不遮掩，不隐藏，不埋设地雷，不挖掘壕沟，不云山雾罩，也不神龙见首不见尾……清晰明白，心平气和，这是做人的基本功之一。

坦言常常被误认为是缺少城府、涉世不深，其实这是一个天大的误会。在素以严谨著称的外交谈判中，坦率也是一个使用频率极高的词语。越是面对分歧和隔阂，越需要开诚布公的坦言。

有人以为坦言是一个技术性的问题，以为掌握了若干讲话的小诀窍就可游刃有余，其实坦言的基础是一个心理素养的问题。

首先，你要是一个襟怀坦荡、敢于负责的人。它不是阿谀奉承的话，也不是人云亦云的话。它是你自我思考的结晶，它将透露你的真实想法，所包含的信息和观点，是你人格的体现。如果你畏葸求全，唯马首是瞻，那么，你无法坦言。

坦言，说起来容易，真正做起来，那过程往往令人不安和焦灼。可能是一个集会或课堂的公开发言，也可能是和你的上司或师长的对谈，可能是面对心仪的异性的首次表白，也可能是因为我们的过失而道歉和忏悔……总之，坦言是一次精神和语言的冒险，其中蕴含着情感的未知和不可预测的反应。

然而，尽管困难重重，我们还是需要坦言。坦言是一种勇敢，因为你面对世界发出了独属于你的声音。坦言是一种敢作敢当的尝试，因为你们既不是权势的传声筒，也不是旁人的回音壁。无论你的声音多么微弱和幼稚，那是出于你的喉咙，它昭示了你的独立和思索。

有人以为坦言是不安全的，藏藏掖掖才是老练。我要说，往往你以为最不保险的地方才是最安全的。社会节奏如此之快，你吞吞吐吐，别人怎能知晓你繁复的内心活动？如果说在缓慢的农耕社会，人们还可以容忍剥茧抽丝的离题万里，那么在现代，坦言简直就是人生的必修课。

有人以为坦言仅仅是嘴皮子上的功夫，其实不然。有人无法坦言，是因为他不知道自己究竟需要坚守怎样的观点。坦言建筑在对自己和对社会的深切了解之上。如果你反对，你就旗帜鲜明。如果你热爱，你就如火如荼。如果你坚持，你就矢志不渝。如果你选择，你就当机立断。

年轻人有一个容易犯的毛病，就是假装深沉。这个责任不在青年，而是我们民族的约定俗成中，不恰当地推崇少年老成。年轻人的特点就是反应机敏、头脑灵活、快人快语。如果强做拖沓徐缓之状，那是对青春活力的不敬。说话不在缓急，而在其中是否蕴含真情、富有真知灼见。如果一位老年人言之无物，看他体弱健忘的分上，人们还能有几分谅解的话，年轻人的故作深沉，只能让人生出悲哀。老年人对于新生事物，难免倦怠，但一个年轻人，违背天性，那简直就是逃避和无能的同义词了。

坦言的核心是自信，是尊重自己，也尊重他人。你值得我信任，所以我对你说真话。你可以拒绝我的意见，但不要轻视我的热情。我相信我自己是有价值的，所以我能够直率地面向这个世界。

学会坦言，会对人的一生产生重大的影响。我看过很多应聘成功的例子，那骨子里很多是面对权威的坦言。坦言常常更快地显露你的人品和才华，显露你应变的能力潜藏着能量。坦言是现代社会人际互动中极富建设性的策略，是一种建立良好情感环境的强大助力。

很多人在开始尝试坦言的时候常易紧张和失态，如同一只刚刚出壳的小鸡，感到湿漉漉的寒冷。但是，你一定要坚持下去，你一定会渐渐地熟练。坦言之后，即使被心爱的异性拒绝，也比潜藏着愿望追悔一生要好。即使得罪了昏庸的上级，也比唯唯诺诺丧失了人格要好。因为坦言，我们把自己的弱点暴露在光天化日之下，就更有了改正和提升的动力。因为坦言，我们会结识更多肝胆相照的朋友，会获得更多打磨历练的机遇。

珍惜坦言。那是一种心灵力量的体现，我们的意志在坦言中捶打，变得坚强。我们的勇气在坦言中增强，变得坚定。我们的爱在坦言中经受风雨，变成养料。我们的友谊在坦言中纯粹，变得醇厚。

坦言会让我们失去面纱，得到赤裸裸的真实。世上有很多人是经受不起坦言的，一如雪人不能和春风会面。但是，这正说明了坦言的宝贵。从年轻就学会坦言，那就等于你获得了一棵延年益寿的心理灵芝。你可以在有限的时间内得到更多行动和交流的自由。

我注视我自己的头颅

一次生病，医生让照一张头颅的CT片子。于是我得到了一张清晰准确的自己头骨的照片。

我注视着它，它也从幽深而细腻的灰黑色胶片颗粒中注视着我，很严峻的样子。

头颅有令我陌生的轮廓。卸去了头发，撕脱了肌肤，剔除了所有的柔软之物，颅骨干净得像刚从海中捞出来的贝壳。

突然感觉到很熟识，仿佛见过似的……不久以前……我记起了博物馆，那里有新出土的类人猿头骨化石。

夹进了几十万年进化的果子酱，颅骨还是像两块饼干似的相似。

造化可真是一位慢性子。

假如我的头骨片落到一位人类学家手里，便可以十分精确地分析出我的性别、年龄、体重、身高……它携带着我的密码信息，脱离我而孤零零地存在着。医生读着它，却做出我是否健康的结论，它似乎比我还重要。

我细细端详它，仿佛在鉴赏一件工艺品。实在说，这个物件是很精致的。斗拱飞檐，玲珑剔透，为人体骨骼中最精彩的片断。不知多少稻麦菽粟的精华，才将它一层层堆砌而起；不知多少飞禽走兽的真髓，才将它润泽得玉石般光滑。阳光中的紫色，馈赠它岩石般的坚硬；和煦的春风，打磨它流畅的曲线。我感叹大自然的精雕细作。用山川日月、金木水火、天上地下、风云雨雪的物质魂灵，挑选着，拼凑着，混合着，搅拌着，一轮又一轮地循环……终于在许多偶然与必然的齿轮磨合中，缝缀镶嵌起了无数颗头颅，其中一颗属于了我。

假如我最终不是化为一股热烟，这头颅该是最难融入泥土的部分。它会睁着空空洞洞的眼眶，凝视着一碧如洗的长天；它会耸动并不存在的鼻翼，吮吸依然存在的花香；它会让风从贯穿的耳道中，像特快列车那样呼啸而过；它会半张着惊愕的颌骨，依旧对这个星球上发生的许许多多事情表示讶异……

我不由得伸手弹弹自己乱发覆盖下的头骨，它发出粗陶罐的响声。这是一个半空的容器、盛着水、细胞和像流星一样游走的念头。念头带着阴电和阳电，焊接时就散发出五颜六色的蛛丝，缠绕在一起，像电线似的发布命令，驱使我具有各式各样的举动。正是这些蝌蚪一样活泼的念头，才使我写下了以上的文字。

罐子里的水会酸腐，那些细胞会萎缩，但文字是不会生锈不会腐烂的，它们比有生命的物体更有生命。它们把念头们凝固下来，像把混浊的豆浆压榨为平滑的固体。人人都公有的文字，经过特定的组合，就属于了我。组合的顺序就是一种思索。

我望着我的头颅，因为它是思索的宫殿，我不得不尊重它。它却不望着我，透过我，它凝望着遥远的人所不知的地方。它比我久远，它以它的久远傲视我今天的存在。但我比它活跃，活跃是生命存在最显著的标志之一。

但和文字比起来，无论现在的活跃或者将来的久远，都黯然失色。

骨骼算什么呢？甲骨文不正是因为有了文，才神圣起来，否则不过是一块烤焦的兽骨！

文字是先人们留给我们的符咒，使我们得以知道一只只水罐曾经储存过怎样的五彩念头。罐子碎了，水流空了，一代又一代最优秀的念头组合却像通电的钨丝一样，在智慧的夜空勾勒着永不熄灭的痕迹。

我注视着我的头颅，递给它一个轻轻的微笑：我们都有完全不复存在的那一天。那时候，证明你我曾经存在过的证据，到哪里去寻找？

制造念头吧！那些美丽的像鸟一样在空中飞翔的念头，假如它们真的充满睿智，假如它们真能穿越时代的雾海，它们的羽毛就会被喜爱它们的人保存。

那个发明 CT 的人真聪明，它使活着的人看到一个骷髅，想到许多以后的事情。

孤独是一种兽性

孤独这两个字，从它的偏旁与字形，一眼望去就让人想起动物世界。看来我们聪明的祖先造字的时候，就已洞察它的真髓。

很低等的动物，多半是合群的。比如海洋里庞大的虾群，丛林中的白蚁，都是数目庞大的聚合体。随着物种渐渐进化，孤独才悄然而至。清高的老虎、高傲的鹰隼、狡猾的狐狸、威猛的狮子，你见过成群结伙浩浩荡荡组织起来的吗？

等进化到了人，事情才又复杂了。人类为了各种利益，重新集结在一起。比如上千万人的城市，至今还在膨胀之中，从事某一行业的人摩肩接踵地挤在一起，房屋盖得像毒蘑菇一般紧密，公共汽车拥挤成血肉长城……

在这种情况下，人回忆孤独、渴望孤独而不得，便沉浸于寻找与回味的痛苦。

孤独是一种源于兽的洁癖和勇敢。高雅的人在说到孤独时，以为那是人类的特殊情感，其实不过是返祖之一斑。

孤独是某个生命个体独立地面对大自然的交流。自然是永恒而沉默的，只有深入它的怀抱，在万籁寂静之时，你才能感觉到它轻如发丝的震颤。

寻共鸣易，寻孤独难。因为共同的利害，无数人紧紧拴在一起，利至则同喜，利失则同悲。比如股票市场，哪里有孤独插翅的缝隙?

高官厚禄、纸醉金迷、霓裳羽衣、巧笑倩兮……都需要有人崇拜，有人喝彩，有人钟情……假若孤独着，一切岂不似沙上建塔?

这些人也经常谈论孤独。但他们说出“孤独”这个字眼的时候，表达的不过是一种利益不够辉煌的愤懑，和洁净凉爽无欲无求的孤独感大不相干。

人是软弱的动物，因为恐惧才拥挤一处，以为借此可以抵挡从天而降的风雷。即使无法抵御，因为目睹同类也遭此厄运，私心里也可生出最后的快慰。

孤独是属于兽的一种珍贵属性，表达一种独往独来的自信与勇猛，在人满为患的地球上，它已经越来越稀少了。

也许有一天，人性终于消灭了兽性，孤独就像最后一只恐龙，也会销声匿迹。

第二辑

一个人就是一支骑兵

一个人就是一支骑兵

我曾行进在漫天皆白的冰雪中，在一支骑兵的中段靠后部分，那时还不到 17 岁的年龄，在藏北边防线上。无比艰难的跋涉中，我往前看，是英勇攀缘的战友；向后看，也是英勇攀缘的战友。我明白自己是队列中的一员，只能做一件事，攀缘。那时的我很懦弱，高寒与缺氧像两把冰锥，揳入我的前胸后背。极端的苦乏，让我想到唯一解脱的方法就是自杀。我用仅存的气力做告别人世的准备，可是因为我在连绵不绝的队列中，队列的节奏感和完整性，让我找不到机会对自己下手，就这样拽着马尾翻过雪山，被迫保全了性命。

之后，我对军队生出一种敬畏和崇拜。

军队是有头有尾的，也有心脏。司令部就是军队的指挥中枢，而司令员就是至高无上的王。无论情况怎样危急，无论条件怎样恶劣，无论事态多么复杂，无论困难怎样重峦叠嶂，指挥机关总是镇定和胸有成竹的。它冷静而清醒，不出昏着儿，不忘乎所以。胜不骄败不馁，紧张地运筹帷幄。我私下里曾想，司令员永远是不可战胜的吗？他可有孤单无能的时刻？一次，司令员病了，卫生科长派我去给他输液。司令员虚弱地躺在白色被子里，须发杂乱，同寻常庄户老汉并无太大的区别。他的萎靡让在一旁看护他的我，有了发问的勇气。

趁他神志稍清，我说，司令员，你可有胆小的时候？

他看着输液瓶里眼泪般溅落的药水说，有。

我说，什么时候？

他说，就是现在。我不知道我还要躺多久，才能站起来指挥我的队伍。

在那时的我看来，这个回答同没回答差不多。

一支军队是有政委有政治部的，它看起来有些儒雅气，虽说也佩着枪，杀气却不浓重。但你不可小觑，它坚硬如铁又心细如发。它的勇气是深藏不露的，永远知道最初的方向和最后的目的地。知道我们何时软弱，它会给予激励；知道我们何时轻敌，它会给予警示；知道我们何时灰心丧气举步不前，它会给予鞭策……政委经验丰富，处世老到，表面上不动声色，内里洞若观火。说起来我对于政委的好感，还来源于一份血缘。我的父亲曾是一位师政委，这使得我近水楼台先得月地敢于探询政委的内心世界。

您是什么时候变得像一个政委的？我问父亲。

这句话有很大的语病，如果问别的政委，可能会被批评。好在他是我的父亲，原谅我的好奇和冒犯。

他说，嗯，政委是慢慢变成的。

我说，具体是什么时候呢？比如是您30多岁？40多岁？还是更老的时候？

他说，很难找到一个具体的时间，总之变化是逐渐发生的。你先要做自己的政委，然后才能做大家的政委。

这句话，我也不大懂。当时认为主要区别在于——当自己的政委不用任命，而成为一支军队的政委，是需要更高机构任命的。直到很久以后我才醒悟，一个当不好自己政委的人，不配给更多将士当政委。

说完了一支军队的司令员和政委，就要说后勤部长了。通常我们想起后勤部长，总伴着食堂的烟火气。后勤部掌管的就是粮草之事，虽说有“兵马未动粮草先行”的古话罩着，但比较起来，后勤部的重要性还是稍逊一筹。比如破釜沉舟，砸坏的都是属于后勤部的设备，可见对于打胜仗来说，后勤部是可以暂时割舍的。起码离开几小时或是一天，没有太大的风险。

我一回忆起当年阿里军分区的后勤部长就想笑，他有点邋里邋遢，单帽的檐总是捋不直，好像被特意发了一个伪劣品。我们是新兵，但帽檐笔直。后来才明白，只有极老的兵，才敢藐视军纪。发夏装的时候，他说，这几个女娃娃怎么能在雪山上穿单衣呢？快给基地打报告，把她们的夏装换成冬装，才不会落下病。

那时候的藏北高原比现在要冷。在一个风和日丽的冬日，我随手拿了温度计到室外去测，得到的数据是零下 38 度。我有 365 天都没有脱下过棉裤的纪录，膝关节还是如小虫噬咬。男兵的夏装和冬装式样相同，只是一个瘦些一个宽松些。男兵领夏装的时候故意放大一号，就可以把夏装罩在棉衣棉裤上。女式军服夏装有掐腰和小翻领，想要把它套在棉袄棉裤之上简直痴心妄想。

那时年轻的我们，其实很想在严寒的风雪中，穿半开领的夏装窈窕过市，让众多的男性士兵侧目。至于久远的损害，我们完全顾及不到。后勤部长铁嘴断金，一句话毁了少女们扮俏的梦想。那时我们是愤愤的，便私下里骂他军阀作风。后勤部长似乎能掐会算，他说，你们现在骂我，将来会感激我，傻娃娃啊。女式夏装在严寒的高原，的确是没有用武之地的鸡肋。勉强穿戴，关节炎、气管炎一定会缠上我们。现在我已年逾花甲，还未曾骨折且没有大关节的红肿热痛，这和后勤部长的“军阀”作风密切相关。

以上是我对一支作战军队基本配置的了解。

也许你要说，哦，你忘了，还有武器。

是的，军队不能没有武器，骑兵不能没有马。但这对骁勇的军队来讲，并不是最重要的。

那时我有一支步枪，我练到闭着眼睛能在几分钟之内迅速拆解组装，也用它打出了优秀的成绩。我一直以为配给我这种小兵的枪，一定是无名鼠辈。直到我退役很多年之后，才知道它是大名鼎鼎的 AK-47 的一个版本。枪械是不断改进的，武器是不断发展的，然而如果没有人来操控，枪就是钢铁的生冷拼装，无人机也不过是求婚时的玩具。虽然由于级别的不同，枪和无人机的性能也会有天壤之别，但骨子里，它们是没有生命的。马是骑兵的伴侣，但马服从人。

一个人就是一支骑兵，你要有勇气。你能掌握什么技术，这并不是最关键的。普天下的本领千千万，归根结底，都是枪和无人机的远房亲戚。

你之所以成为你，是因为你有你的司令员和政委，你有你的后勤部长，你是你自己的小兵，又是你自己的统帅。

你要知道这支军队向何处去。你要在这支军队沮丧的时候给它打气。你要在这支军队迷路的时候，做它永不失灵的 GPS。你要在这支军队忘乎所以的时候，适时地给它兜头一盆冷水。你要在这支军队重伤的时候，给它输血，给它包扎。你要在这支军队畏葸不前的时候，擂响战鼓。你要在它恬然酣睡的时候吹起冲锋号。你要给它以休养生息的机会，你要让它安然和健康，你要知道什么对它是真正的好，并要不懈地坚持。你要知道什么是可能伤害它的陷阱，早早地发出警报远离可能的危险。你要冷静要镇定要充满激情又能适可而止，你要令行禁止健步如飞，你要能帮他找到最相宜的伴侣……

想到虽是独自一人，但身后有一支军队。车辚辚马萧萧，罡风浩荡，旌旗猎猎，号角长鸣，司政后一应俱全指挥若定，真是令人豪情万丈的事情。

所有的动力都来自内心的沸腾

一个人躺在地上，如果他不想起来，那么十个人也拉不起他来，即使起来了，他也马上会趴下。

所有的动力都来自内心的沸腾。如果你做不到一件事，无论是搞好关系还是寻找爱人或者减肥，都是因为你还没有真正想做。

这是一个很有意义的心理小游戏。来，纠集起十来个人，然后找一个人来扮演那个躺在地上的人。不用找体重特别沉的，那样容易影响咱们这个游戏的真实感。请这位朋友赖在地上，大家用尽全力把他拽起来。

我见过三十个人都拉不起一个人的情景。我本来在上文中想写这个数字，但又怕大家觉得太夸张了，就写了十来个人。这是千真万确的。只要你不想起来，没有人能把你拉起来。心理上的问题也是一样的，只要你没想通，你不是真的心服口服，那么，无论外界多么努力，都是劳而无功。

女子当妈妈，对待自己的孩子时，要记得这个游戏。他虽然小，也有自己的独立意志，你要把道理给他讲清楚，而且要让他明白这样做的目的是什么。有人会觉得孩子还小，没必要讲那么多。可是，成长是一个逐渐发生的过程，你不能在一颗幼小的心里种下强权的种子。以理服人而不是以力服人，这是从小就要养成的习惯。

你举目四望，很容易就能发现：很多人的生理上的需求得到了满足，但他们仍然不满意，奔突不止，骚动不宁，缺少一种能使他生机勃勃的动力，欠缺稳定祥和。像这样缺少主动性的生活，无论表面上多么风光，都是不值得羡慕的。

那种使自己变得生机勃勃的动力是什么呢？谁来回答你呢？谁来帮你寻找呢？谁为你一锤定音？没有别人，只有你自己。只有当理想的光芒照耀着我们，而且它和广大人群的福祉相连，我们才会有大的安宁和勇气。

你可曾体会到种子的疼痛？那种挣开包锁自己的硬壳，顶出板结的土壤的苦难，对一个柔弱的芽来说，可以说是顶天立地的壮举。一个人觉醒时的力量，应该大于一粒种子啊！

有些人把梦想变成现实，有些人把现实变成了梦想。关键是，你的梦想是什么，你为你的梦想做了什么。

有梦想，就不会寂寞。当你寂寞的时候，只要招招手，你的梦想就飞到了你身边。剩下的事，就是琢磨怎样把梦想变成行动了。

自卑情结是幸福的最大敌人

有一种天然的感觉，伴随我们一生。有人说，那是爱，其实不是。爱不是天生就具备的品德，是需要学习的。一个刚刚出生的婴儿，并不懂得爱，但他感到了自卑。哭声就是自卑的旗帜，那是对寒冷（相比于母体内的恒温）、对孤独（相比于母体内的依傍）的第一声惊恐的告白，也是被迫独立生活的宣言。这个景象挺有象征意义。人在强大的自然规律面前，没有法子不自卑。但是，人又不能被自卑打倒，人就是在同自卑的抗争中成长壮大起来的。

可以说，自卑是幸福的最大敌人。道理很简单，一个人若是时时事事都沉浸在自卑中，那他如何还能享受幸福？

所以，人不要被自卑打垮，而是要超越自卑。咱们先来找找自卑的反义词是什么。我小时候，很喜欢“找反义词”这类题目，在寻找中，你对原本的那个词有了更深入的了解，就像黑和白站在一起，一定显出黑的更黑、白的更白。只有在黑暗中，你才能看到所有的光。如果黑和灰站在一起，就容易混淆。

自卑的反义词是自信。自卑和自信，都有一个“自”，就是“自己”的意思。那么，自己对待自己，有什么不同呢？自卑的人，自己看不起自己；自信的人，自己相信自己。从这里入手，我们就找到了自卑和自信最显著的分水岭，那就是：一事当前，自信的人说，我能做这件事；自卑的人会说，我办不成这件事。

面对一生，自信的人说：我能成为理想中那样的人，我要掌握自己的命运。

自卑的人会说：我不能成为自己想成为的那样的人，我只能随波逐流，被外力摆布。

“自卑”这个词，平日里大家说得很多，但究竟什么是自卑呢？自卑有哪些表现呢？自卑为什么会成为幸福的大敌呢？

简言之，自卑就是有关自我的消极信念，影响了成长。

记得儿时读过《好兵帅克》这部小说，里面有个人物，特别喜欢求本溯源。比如他说到窗户，就要说窗户是木头做的，他马上就会接下来解释，木头是树木，那树木又是从哪里来的呢？它们来自森林……现在我们谈到自卑，多少也陷入了这种论证的漫长小径。有点啰唆，请原谅。

自卑的人，充满了对自己的不良观念和不适宜的评价。

自卑的要害是——自我否定。看看“否”这个字，“口”上面是个“不”字，一个人一张口就吐出“不”来。人是需要说“不”的，不知道说“不”的人，一生太辛劳，完全丧失了自我。但是，如果一个人一辈子说“不”太多，尤其是对自己总是说“不”，那就成了大问题。

最详细地论证了自卑这种情绪的是个体心理学的创始人阿德勒，他发现了一个自卑情结。

阿德勒是一位奥地利精神病学家，被称为“现代自我心理学之父”。他于 1870 年出生在维也纳的一个商人家庭，排行老二。家境富裕，家人都很喜欢音乐，按说这是一个丰衣足食的幸福环境，可是，童年的阿德勒一点也不快乐。为什么呢？原因来自他的亲哥哥。两人虽是一母所生，但哥哥高大健壮，活蹦乱跳，人见人爱，阿德勒却自小体弱多病，还是个驼背。他五岁那年，又生了一场大病，更让他身材矮小、面容丑陋。好在阿德勒很聪明，后来他考入大学，毕业后当了医生。由于自身的残疾，1907 年，他发表了有关由身体缺陷引发自卑的论文，从此声名大噪。他不赞成弗洛伊德的性决定论，强调社会文化因素在人格形成和发展中的决定性作用。他的主要观点是：追求卓越是人类动机的核心，而如何追求卓越，则取决于每个人独特的生活风格。追求卓越是一种天生的内驱力，使人力图成为一个没有缺陷的人、一个完善的人。人总是有缺陷的，由于身体或其他原因引发的自卑，能摧毁一个人，使人自甘堕落或得精神病，另一方面，它还能使人发愤图强，力求振作，以弥补自己的缺点。

比如说，古代希腊的代蒙斯赛因斯（德摩斯梯尼），小时候患有口吃，可他迎难而上，刻苦锻炼，最后成了著名的演说家。美国的罗斯福，患有小儿麻痹症，但他最终成为美国总统。尼采身体羸弱，他就研究权力哲学，成了一代大哲学家。

对自己诚实一点

当你企图在两个不同的自我之间游走时，你在生活中的形象就变得复杂混乱，你面临的形势也更加琢磨不透，甚至你的身体也无所适从了。

我们总是希图表现得比我们实际的情况要好一些。

好比我们小的时候，如果有客人要来，我们会被父母要求：“你要乖一些啊！”等到客人走了，父母会说：“好了，现在你可以放松一下了。”这些都是很平常的话，却在不知不觉中给我们留存了一个印象——你要在某些特殊的场合和人物面前，努力表现得比你实际拥有的状况更好。

什么是更好呢？

就是按照世俗的标准，我们要更聪明、更好学、更勤劳、更大度、更幽默、更有责任感、更勇敢、更……还可以举出更多的“更”。总之，是比你本人更完美。

这个主观动机可能并不是太坏。爱美之心，人皆有之嘛！

不过，这就形成了一个习惯。我们把一个不真实的自我呈现在别人面前，并以为这才是可爱的，才是有价值的。而那个真实的自我，则是上不得台面的残次品，是应该被掩藏和遮盖的。

这就是自我形象的分裂。我们不喜欢真实的自我，我们把一个乔装打扮的“假我”拿给大家看。当这个“假我”被人欢迎和夸赞的时候，我们一方面沾沾自喜，觉得自己成功地扮演了一个角色，而这个角色就是别人眼中的“我”。另外一方面，我们的自卑加重了，我们知道外界的评价都是给予那个不存在的“我”，真实的我反倒像灰姑娘一样，躲在角落里捡煤渣。

长久下去，我们就变成了一个分裂的人。

这种现象，比比皆是。比如我们常常听到女性朋友说，结婚以后，他的真面目暴露出来了，我几乎不敢相信他和结婚前是同一个人。

也有的领导会说，这个人是我招聘的，当时看他十分勤快，想不到真的走上岗位以后，却非常懒惰，毫无工作的主动性。

以上这两个例子，最后是以离婚和炒鱿鱼作结。可见，伪装的自我，可以骗人一时，却不能矫饰久远，最后吃亏的还是你。

如果你觉得真实的自我还不够完善，那么最好的方法，是让自己渐渐变得完善起来，而不是敷衍、遮盖或欺骗。那样的话，自己很辛苦不说，离完美是越来越远。再有，天下的人都不是傻子，你装得了一时三刻，却没有法子永远生活在一个不属于你的光环中。一旦被人家识破，你被减分更多。

我年轻的时候，心其实很累。因为总想表现得比自己真实的状态更好一些，便不由自主地要作假。明明不快乐，怕被人看出，以为是思想问题，就表现出欢天喜地的兴奋。对领导有意见，怕领导对自己看法不良，影响进步，就故意在领导面前格外卖力地工作。其实，那彼此的不融洽，大家心知肚明。在会议上有不同意见，因为判断出自己是少数，就放弃主见随大流，默不作声……凡此种种，以为是老练的举措，都让我做人辛苦，不胜其烦。

后来，我终于明白了，要以自己的真实面目示人，没有必要取悦他人，没有必要委屈自己。这样做了以后，我本以为机会一定要少很多，因为抱定了破釜沉舟的决心，只求这一生做一个真实的自我，付出代价也认了。不想，却多了朋友，多了机缘。

思来想去，原来大家都更喜欢真实的东西。你真实了，自己安全了，也让他人觉得安全，机遇反倒萌生。从此，我竭力真实，不但自己省力、省心，节省出的能量可以做更多的事情，而且成功的概率也高了起来。

发出声音永远是有用的

如果你身为一个女性，请不要抱怨。这个世界就是如此地不平等，在你以前很久，就是这样了。在你以后很久，也会是这样。所以，它等待着你的降临和奋斗。你的降临和奋斗，也许什么也不能改变，也许能让它变得更美好一些，但起码这个世界因为有了你的存在，而有了希望。

有一年，我应邀到一所中学演讲。中国北方的农村，露天操场，围坐着几千名学生。他们穿着翠蓝色校服，脸蛋呈现出一种深紫的玫瑰红色。冬天，很冷。事先，我曾问过校方，不能找个暖和点的地方吗？校长为难地说，乡下学校，都是这种条件，凡是开全校大会，都在操场上。我说，其实不是在考虑自己，而是想孩子们可受得了。校长说，您放宽心好了，没事。农村孩子，抗冻着呢。

我从不曾在这样冷的地方讲过这么多的话。虽然，我以前在西藏待过，经历过零下四十度的严寒，但那时军人们急匆匆像木偶一般赶路，缄口不语，说话会让周身的热量非常快地流失。这一次，吸进冷风，呼出热气，在腊月的严寒中面对着一群眼巴巴的农村少年谈人生和理想，我口中吐冒一团团的白烟，像老式的蒸汽火车头。

演讲完了，我说，谁有什么问题，可以写张字条。这是演讲的惯例，我有什么地方说得不妥当，请大家指正。孩子们掏出纸笔，往手心哈一口热气，纷纷写起来。老师们很负责地在操场上穿行，收集字条。

我打开一张字条。上面写着：我很生气，这个世界是不平等的。比如，我为什么是一个女孩呢？我的爸爸为什么是一个农民，而我同桌的爸爸却是县长？为什么我上学要走那么远的路，我的同桌却坐着小汽车？为什么我只有一支笔，他却有那么大的一个铅笔盒……

我看着那一排钩子一样的问号，心想这是一个充满了愤怒的女孩，如果她张嘴说话，一定像冲出了一股乙炔，空气都会燃起蓝白的火苗。

我大声地把她的条子念了出来。那一瞬，操场上很静很静，听得见遥远的天边，有一只小鸟在嘹亮地歌唱。我从台子上望下去，一双双乌溜溜的眼珠，在玫瑰红色的脸蛋上瞪得溜圆。还有人东张西望，估计他们在猜测字条的主人。

据说孩子们在妈妈的肚子里，就能体会到母亲的感情。

很多女孩子从那个时候，就感受到了这个世界的不平等，因为你不是一个男孩，你不符合大家的期望。

这有什么办法吗？没有。起码在现阶段，没有办法改变你的性别。你只有认命。我在这里说的“命”，不是虚无缥缈的命运，而是指你与生俱来的一些不能改变的东西。比如你的性别，比如你的相貌，比如你的父母，比如你降生的时间地点……总之，在你出生以前就已经具备的这些东西，都不是你所能左右的。你只能安然接受。

不要相信别人对你说的这个世界是平等的那些话。在现阶段，这只是一厢情愿。不过，你不必悲观丧气。其实，世界已经渐渐在向平等的灯塔航行。比如一百年前，你能到学堂里来读书吗？你很可能裹着小脚，在屋里低眉顺眼地学做女红。县长的儿子，在那个时候，要叫作县太爷的公子了，你怎么可能和他成为同桌？在争取平等的路上，我们已经出发了。

没有什么人承诺和担保你一生下来就享有阳光灿烂的平等。你去看看动物界，就知道平等是多么罕见了。平等是人类智慧的产物，是维持最大多数人安宁的策略。你明白了这件事情，就会少很多愤怒，多很多感恩。你已经享受了很多人奋斗的成果，你的回报就是继续努力，而不是抱怨。

身为女子，你不要对这样的不平等安之若素，你可以发出声音。说了和没有说，在暂时的结果上可能是一样的，但长远的感受和影响是不一样的，对你性格的发展是不一样的。而且，只要你不断地说下去，事情也许就会有变化。记住，发出声音永远是有用的，因为它们可能会被听到并引发改变。

说实话，让一个受到忽视的女孩子，很小就发出对于自己不公平待遇的呐喊，几乎是不可能的。但我思索再三，还是决定保留这个期望。因为今天的女子，也可能变成明天的母亲。如若她们因循守旧，照样端起了不平等的衣钵，那么她们的女儿发出呼声，也许能触动她们内在的记忆，事情就有可能发生变化。当然了，如果女孩子长大了，到了公共场合，这一条就更要记住并择机实施。记住，呐喊是必需的，就算这一辈子无人听见，回声也将激荡久远。

仇人的显微镜

人一生，会听到很多评价和意见，你不想听也不行。意见的来源，是个有趣的问题。

说到意见的来源，最简单的可以分成两大类。一大类来自爱你的人，因为希望你进步，希望你好，希望你幸福，所以他们会指出你的不足。通常我们对这类意见，要么是重视过度，要么是过度地不重视。前者是因为亲人在我们眼中就是人间的上帝，句句是真理。后者也因为和凡间的上帝相处得太久了，反倒觉得老生常谈，把它当成了耳旁风。还有一大类意见，来自恨你的人。我说的这个“恨”，不是血海深仇，不是国恨家仇。在此文中，它统指对你印象不好的人、和你不对付的人、和你有过节儿且巴望着你倒霉的人。按时下年轻人的话讲，就是和你相克，也许是血型不符，也许是星座不合。那些和你暗中戗着茬儿的龌龊人，恕我简称为你的“仇人”。

对待仇人的意见，有一句很经典的话，叫作“走自己的路，让别人说去吧”。这虽是一剂良药，但缺点是起效较慢。很多人试验过这法，有时好几个月甚至好几年之后，才能渐渐在想起仇人们的冷语时心境淡然。还有一个前提——你已经找到了一条路，正在走着，方向感明确，有主心骨，步履轻快，说这话的时候底气才较充足。倘若正在彷徨和苦闷中，雨雾迷蒙，路还不知在何方，或者干脆在路边崴了脚或被野兽啃伤了，创口流着血，那这句经典就稍嫌隔靴搔痒，有点近似精神胜利法了。

面对仇人的攻伐，如何是好？

仇人的话，杀伤力之所以大，是因为那其中常常是有几分真实的。完全的谎话，其实倒并不可怕，因为除了极为弱智的人，一般都可识破。古语说“谣言止于智者”，现在资讯发达，人也吃了很多深海鱼油，智者可能比古时还要多些，所以对完全胡说八道的东西倒不必太过担心。如果仇人的话是完全的真实，我看是应该感激的，请你低下自己的头。这不是认输或领认了侮辱，而是真心实意地表达对真实的敬畏。只要他说得对，不必介意他的人品，只需看重他的意见。仇人的真知灼见，也许会让你因此得到终生受用的教诲，他在无意中就送了一个大礼给你，他就成了你的恩人。这就是很多人常常说，我最感激的是那些侮辱、攻击、放弃我的人，他们让我懂得了如何做人，才有了今天的成就云云……每逢我听到这种话，总觉得略微矫情了些。我不会感谢那些本来想侮辱我的人，他们不应该因为仇视和狭隘受到感激。仇恨和狭隘，常常是可以置人于死地的，你没有死，是因为你救了自己。你应该感谢的只有一个人，那就是你自己啊。

即使你从仇人喷涌而来的污泥浊水中，荡涤出了金沙，你也可以依然保持你的仇恨，如同保持你脊骨的硬度，但这并不妨碍你思忖他们的意见。因为只有仇人，才会深深研究你的要害。因为他恨你，所以他时刻盯着你，对你观察得格外细致，思索得格外刻毒。试想一下，如果我们用显微镜看事物，那普天之下就没有一处洁净的地方了，到处都是繁殖的细菌、蠕动的螨虫……

然而，依然有阳光。

你的仇人，就是瞄准你的显微镜。

爱最怕什么

写过一篇《爱怕什么》，朋友又要我写一篇《爱最怕什么》。好像原本同时撒种育了一畦小白菜，突然接到命令，要从中挖出最大的一棵，不由得犯了踌躇。赶紧把自己的文字重温了一遍（说来惭愧，以前怎么写的，已记不周全）。

若已在那篇短文中说过了爱最怕什么，现在要做的事就是咬紧牙关坚持初衷，不可出尔反尔。可惜，没有。在那厢，我掰着手指头列举了若干项爱所害怕的事物，遗憾，始终没有说过一个“最”字。

只有现撰了。

我想，爱最怕的是“不真诚”。当然，我们首先要肯定，这个“爱”是真的，不是假的，也不是半真半假的。这是一个大前提。没有这个大前提，一切将无从讨论。假的爱，不是爱，是情感的盘剥和诈骗。

与万事相比，爱是极需真诚的一件事情。不单是从道德、理论的角度来讲爱需要真诚，即使从单纯技术的角度来说，真诚的重要性也名列前茅。

爱是全部身心的投入与契合，在这种人类无与伦比的亲密关系中，容不得丝毫的虚伪与欺骗。哪怕再高明的演员，也无法在如此近距离的耳鬓厮磨中，将真相掩盖得风雨不透。一个眼神，一个手势，一声叹息，一个背影……都是高明的奸细，可以把爱与不爱的信息通通出卖给对方。更不消说，沉溺于爱河中的人，如同长了顺风耳、通天眼，还有神鬼莫测的第六感鼎力相助……所以，爱是一场独特的双人考试，考场中不容作弊。你可以看对方的卷子，但自己的卷子要自己答。爱就是爱，不爱就是不爱。爱是最需要实话实说的。不爱了还强装爱，爱着却要强作不爱，都是人间的大辛苦、大困难之事。难为了自己，伤害了对方，机关算尽，又很难达到目的。现代人，你何苦做这般赔本的勾当！

当爱不存在的时候，唯有真诚是尊严和力量最后的栖息地。有人以为伪装的爱，是一剂情感的白药创可贴，虽说解决不了根本的问题，但尚可暂时止血止痛。殊不知，它是爱情的浓硫酸，不但彻底毁了爱的容，更是对他人凶狠的侵犯。

当真诚被动摇的时候，爱将无所附丽。培养爱情从练习真诚开始，保养爱情从维系真诚着手。真诚是爱的风向标，当一对相爱的人不再坦诚相见、直抒胸臆，爱的台风球就亮起来了。

人们常常以为爱中的人格外脆弱，其实不然。无论真实坏到怎样凶险的程度，只要有清醒的脑和灵巧的手，我们就有办法。单单损失了爱，还不是最凄惨的事情。如果在失去爱的同时，你还失去了对世界和人心真实的把握，才是更悲苦的事情。盲人瞎马、夜临深池，便成了情感和智慧的双料赤贫。

我不敢说，有了真诚就一定有爱情，但我敢说，没有了真诚就一定丢掉了爱情。从这个意义上讲，爱惜真诚吧，它是我们爱的保单。

热爱说话

和果的对话，非常轻松。她像是一架话语永动机，不待你发问，就把你想知道的都说了出来，比你预想的更清晰明白。

“你说，中国汉字里，使用频率最高的偏旁部首是哪个？”这是果对我说的第一句话。

果是一家中外合资的商场董事长，雇用着外方的总经理，一言九鼎、威名赫赫。在果的那座身披玻璃幕墙，金碧辉煌、玲珑剔透的大厦里浏览时，你不由自主地会想象它的最高领导人可能是位女王。但此刻的果，安静而有学究气，好像是在大学的小组讨论会上。

我不好意思地说：“别看天天和字打交道，还真没研究过这个。”

“可能是‘提手旁’吧。记得学《诗经》的时候，老师曾说过，那时诗里就有数十个有关手的动词。再说我们这个民族是崇尚行动、尊重实干的，‘提手’应该最多。”我回答。

“错。字典里，‘口’字旁和‘言’字旁的字加起来，构成了中国汉字部首里最庞大的家族。”果非常肯定地说。

“这证明，说话是人生中非常重要的一件事，我们的古人早就发现了这条真理，所以才创造出这么多形容说话的词语。在科学不发达的古代，‘说’都傲视群雄，到了现代，信息大爆炸，说话就更具有了凌驾一切的力量。

“我说的‘说话’是一个广义的概念，包括文字。更宽泛地讲，等同信息之意。比如我们两个坐在这里说话，就是传达彼此感到隔膜的信息。美国总统在派出特使执行重要公务的时候，最后一个程序就是两人促膝交谈，以便让特使最大限度地正确把握总统的思想……这说明谈话是多么要紧的事情。”

“我热爱谈话。”果一字一句地说。

我有些吃惊，虽然我不拒绝谈话，但好像还是第一次听到“热爱谈话”。果不理会我的惊讶，按照自己的思路侃侃而谈。

“一般来说，服从性强、地位比较低的人，多半意识不到谈话的重要性，因为他更多的是一个执行者，别人说什么，他跟着做就是了，语言好像是多余的。在中国的传统文化里，特别强调‘君子讷于言而敏于行’，我觉得那是一种上智下愚的思想残余。你若是想让自己智慧起来并表达这种智慧，让自己的智慧影响更多的人，必须学会发展、整理、沟通萌芽状态的思想，最简便易行、行之有效的方法就是说话。我给你举一个例子，商场合资以后，外方有许多新措施，我方大多数是干了几十年商业的人，闻所未闻的招数让很多人接受不了。我就把所有中层以上的干部用车拉到一处风景胜地，有美丽的草坪和湖水。我在草坪的中央摞起三张桌子，下面聚了一帮身强力壮的小伙子。大家不知我什么意思，说董事长是不是要我们耍杂技啊？我爬上桌子，站在上面，对大家说：‘现在，我要背对着大家头朝下地栽下去，下面的警卫战士会接住我……高度只有两米多，接应绝无问题，现在你们看着我操作……’说完以后，我就义无反顾地一个倒栽葱折了下来，战士把我接住，一切正常。我对大家说：‘现在，每个人把我刚才的动作重复一遍吧。’最先走上桌子的是我方的副总，他年纪比较大了，腿脚哆嗦，求告我说：‘我老胳膊老腿的就免了吧。要不你就撤掉一张桌子，把高度降点。再不然，我脸朝前往下跳，眼睛看着下面，万一出点纰漏，我还能有个自卫动作。千万别让我后脑勺对着地，行不行啊？’我说：‘不成。这项操作是安全的，我已经亲身试验了几十次，绝无问题。它就像我们商场就要施行的改革措施，是有把握的。我们不能因为自己以前没有尝试过，就没有勇气去实践。现在我决定，凡是有魄力从这几张桌子上背着身子跳下来的人，就继续留在商场工作。其他的人，请自动离开。’我把话说到这个份儿上，副总还真是好样的，眼一闭，就栽了下来，挺顺利的。后面的人大多数很勇敢，也有个别的，战战兢兢老半天，紫涨着脸，总是没动作。我就平静地对他说：‘你也不必勉强自己，我们马上要进行的改革力度很大，你连这种确有把握的事都做不了，何谈其他？留下来合作是不会愉快的……’这次草坪会议以后，那些因循守旧的人走了，改革就大刀阔斧地进行了。

“有一个青工，与顾客争吵，还扇了对方一个大嘴巴，我当然不能放过，给了他降级和罚款的处分。他不服，扬言要杀我。一天，他举着个沉重的泡沫灭火器，像抡着火药桶，在商场里乱窜，说要灭掉我。大伙儿都劝我赶快躲躲，说这种亡命徒什么事都干得出来。我说：‘把他请到我办公室来，我要和他好好谈谈。’大家说你就不怕出事？我说：‘我一个当领导的，被这样的事吓住，以后没法工作了，这才是最大的事呢！’

“那个青工来了，把灭火器立在我的写字台上，说：‘你不怕死在这屋里？’我说：‘你杀了我，你不值啊！’他惊奇道：‘你是大名鼎鼎的董事长，我不过是小小老百姓，你的命比我的值钱多了。’我说：‘你听我算一笔账。我是董事长，不管你的事，我也照常拿我的那份钱，可见我要处分你，是为了钱以外的东西。我明知你要杀我，还把你叫到我的办公室来，并且把左右的人都打发开了，你要动手，现在就是绝好的机会，这说明我不怕死。一个人不为钱不怕死，按你的分析，就一定是为了名了。我死在你的灭火器下，成了当然的烈士，登报扬名，万人瞻仰，后代光荣，那是不必说的了。而你是杀人凶手，万人唾骂，将被处以极刑，父母家人跟着受连累，也是千真万确的事情。你本是恨我，反倒成全了我，你考虑考虑，是不是不合算啊？再者，我判断你不是真心要杀我。真要杀人，为了保证成功率，自然是要被杀的人毫无警觉才好，这就是兵法上的出其不意，攻其不备。像你这样嚷嚷得满天下知晓，哪里是要杀人，不过是恫吓。当然我不排除你的铤而走险，但主要是想把我吓得收回成命，恢复你原有的级别，不罚你。你骨子里想的是尊严和钱的问题。爱面子想挣钱，这是好愿望。只要努力工作，在一个奖惩严明、效益优异的商场，机会有的是。但钱和光荣不是从天上掉下来的，是顾客送给我们的。你把顾客打走了，砸了大家的饭碗，却还要抢着和大家吃一样多的饭，那就连乞讨都不如。如果你想挣更多的钱，你必须干得比别人更好，这才是正道。’青工长久地说不出话来，过了半天才吭吭哧哧地说：‘如果我干得好呢……’我说：‘你放心，罚得严厉，奖得也必豪气，希望有一天，还是在这间办公室，我把精神奖励和物质奖励一道交到你手里。’当那个青工耷拉着头、抱着灭火器从我的办公室走掉以后，竖着耳朵倾听这屋里动静的人们纷纷跑出来说：

‘董事长，您靠什么化干戈为玉帛？他一路吵嚷，怎么进了你的房门就一声不吭？是不是您会一手美人拳，点了他的哑穴？’我说：‘靠舌头，靠说话啊。’世上无数的流血事件因为误会而生。错误、失误的‘误’，偏旁是‘言’而不是‘心’，很多时候是话没有说到点子上，心灵因此产生隔膜。

“最困难的谈话是和外方总经理。圣诞节快到了，这些年西风东渐，国人也慢慢重视起这个洋节来。商场的‘舶来品’较多，年底成了销售的黄金季节。恰在此时，那老外递上一纸报告，说要回欧洲与家人团聚，共度圣诞。我毫不迟疑地回答他：‘No！’老外拿来一册他们国家出的日历，指着12月25日的红色数字说，这是法定假日，如果不让他休假，就是侵犯人权，他要控告我。我说：‘那在您的国家里，是否到了圣诞节，所有的商家一律关门大吉，回家围着圣诞树跳舞？’这回轮到他连连说‘No’了，告诉我圣诞节是一年当中最大的销售高峰，有许多促销的手段要实施。我说：‘那您为什么要从工作岗位上向后转呢？’老外回答：‘因为这是在中国，你们与这个世界性的节日无缘，商厦由中国人单独上班就行了。’我拿出一本中国出的挂历，指着一个日子对他说：‘您知道这是什么日子吗？’老外看了半天，直把浅蓝色的眼珠瞪成了深蓝，也没弄明白，喃喃地说：‘它靠近情人节的日期，但我真的不明白它有什么独特的意义。’我说：

‘先生，请您清醒地记住它。因为在这个日子和之后的四天里，您将单独在这座数万平方米的商厦里值班售货……’外方总经理急白了脸，说：‘果董事长，你就是报复我，也不能用商厦的利益做筹码。整整五天，你知道它是什么概念吗？无论对你还是对我的国家来说，那都是成吨的金钱啊！’我说：‘尊敬的先生，让我告诉您，那个日子是中国的春节，中华民族最重要的节日。按照您的逻辑，商厦里所有的中国人都应该回家休假包饺子，否则就是侵犯人权，当然应该由您这样的外国人单独上班了。至于利润，让它见鬼去吧！’

“老外哭笑不得，只得答应坚守岗位。他对我说的最后一句话是：‘你知道我是谁？你是否把我当成了你们的共产党？’我回答他：‘我当然知道你是谁。你是总经理，是受雇于董事长的，你很明智地表示服从，这很好。如果你执意不肯，我就要行使命令权或是罢免权了。顺便说一句，要是共产党员遇到这种事，我一句话都不必说，他们知道自己该怎样办。’”

果的故事，一个个说下去，每一个都很有趣，只是她的声音渐渐嘶哑。我说：“休息一下吧。”果说：“说话就是调整脑筋，一个原本不很清晰的概念，在你描述它的过程当中，它就像花瓣一样盛开了，散发出芳香。有质量的说话当然很累，因为它是思想的结晶。我认识一位著名的戏剧演员，平时很少吭声，口渴了，也只是写一张有‘水’字的字条递给别人，就是为了把胸中之气积攒起来，到了舞台上音韵洪亮、直冲霄汉、绕梁三日。”

我说：“有一句古话：日言百句，其气自伤。”

果说：“生命的过程就像是一盘磁带，录满我们每个人的话语。若生命结束的时候，听到自己一生所说过的话，有用的比没有用的多，那就是无悔的人生了。”

自　拔

自己把自己拔出来，我喜欢“自拔”这个词。不是跳出来或是爬出来，而是“拔”。小时候玩过“拔萝卜”的游戏，那是要一群小朋友化装成动物，齐心合力才能完成的“事业”。现代人常常陷在压力的泥沼中，难以享受生活的美好，把自己从压力中拔出来也是一项系统工程。

“压力”本是一个物理词汇，比如气压、水压、风压。推广开来，医学上有血压、脑压、颅内压等，多属于专业名词，不料如今风云突变，压力成了高频词。生活有压力，经济有压力，学业有压力，晋升有压力，人际关系有压力，情感世界有压力，婚姻也有压力……人们的交谈中，无不涉及林林总总的压力。压力像汽油桶被打翻，弥散到现代生活的各个领域，散发着浓烈的气味，我们躲不胜躲，防不胜防，它不定在哪个瞬间就燃起火焰。

其实，适当的压力是保持活性的重要条件。如果空气没有了压力，我们的呼吸就会衰竭；如果血液没有了压力，我们的四肢就会瘫痪；如果水管子没有了压力，那结果是让任何一个住在高层楼房的人都噤若寒蝉的，你将失去可饮可用的清洁水。20 世纪的石油英雄“王铁人”也说过，“井无压力不出油，人无压力不进步”。

只是这压力须适度。比如冬日里柔柔的阳光照在身上，这是一种轻松的压力，让我们温暖和振奋。设想这压力增加十倍，在吐鲁番酷热的夏季，大伙儿只有躲到地窖里才能过活。假如这压力继续增加，到了百倍千倍，结果就是人们成了一堆焦炭了。

现代人常常陷于压力构建的如焚困境之中。也许是某一方面的压力过强，也许是多方面的压力综合在一起。如是后者，单独某一方面的压力尚可容忍，但积少成多、日积月累，细微的压力堆积起来就成了如山的重负。金属都有疲劳的时候，遑论血肉之躯？如不减压，真怕有一天成了齑粉。

如果你因压力忙到无力自拔，忙到昏天黑地，忘记了自己的生日和家人的聚会，忘掉了自己如此辛辛苦苦究竟是为了什么，如果你想改变，就试着了解压力吧。寻找压力的种种成因，为扑朔迷离、捉摸不定的压力画像，澄清了我们对压力的迷惘之处，让折磨我们的压力毒蛇从林莽之中现形，让我们对压力的全貌和运转的轨迹有较为详尽的了解。中国的兵法上有句古话，叫“知己知彼，百战不殆”，当你认识到了你所承受的压力的强度和种类，在某种程度上你就已经钉住了压力毒蛇的“七寸”。

明白了压力的起承转合，找到了适合自己的减压方式之后，你的呼吸就会轻松一点，胸中的块垒也会松动出些许的空隙。坚持下去，持之以恒，你就会一寸寸地脱离沉重的压力，把自己成功地拔出来。也许在某一个清晨醒来的时候，你就会突围而出，像蝴蝶一样飞舞。

没收遥控器

没有比遥控器这种东西，更霸道更拒绝变化的电器了。

它们长相大同小异，外罩除了黑就是白，绝无彩色时装。形状一律长方，看不到正方椭圆更甭说三角五角的变异。各种指示键微凸如豆，扑朔迷离。手指肚粗的，一不留神就按错了地方。键盘上的标志洋文居多，仅掌握国语的人，就得瞎猫碰死耗子估摸着来。幸好遥控还算经折腾，且基本上循序渐进，按错了也不会一失足成千古恨，发觉后，再改过亦不晚。

自打遥控器潜入家庭后，就不动声色、潜移默化地改变着我们的生活习惯甚至性格。

先使我们懒惰。

遥控器延长了我们的手指，废用了我们的双脚。虽然从座位到电视机旁，不过几步之遥，但人天生的惰性，使我们马上放弃了亲自实施意志的愿望，将之拱手托付这个丑陋的仪器。不喜欢这个台了，啪地一按，它就如同被施了魔法，旧画面嗖地隐去，替上来另一幅莫名其妙的图像。只唱了半句的歌，立刻喑哑，好像那歌手兀地跌下乐池。刚说了半截的话，毫无征兆地被拦腰斩断，主角仿佛被武林高手点了哑穴。才露出的半张笑脸，马上被另一张狰狞的五官代替，从古时海盗到摩登女郎，变脸不足一秒钟。太空人到原始部落的跨度，连个最潦草的铺垫都没有，风驰电掣瞬息万变……

遥控器给我们一种近乎杀戮的快意。朕要你死，你不得不死，且一时不可耽搁。逢到我们不顺心，把遥控器点得如机关枪的连发，各频道血肉横飞地变换着，荧屏一派狼藉。

不要小看这几步之遥。自己走过去，就是一种甄别和付出。举手之劳太轻易，就不会珍惜选择的权利。选择，具有测定智商的功能，于是愚人们常常用繁多的选择，遮盖自己的不擅选择。太便捷的选择，很易导致轻率发生。太茂密的选择挤在一起，就像未曾间苗的土地，使最主要的愿望丧失生长的能力。

有人会说，选择错了，有什么了不起？可以修正嘛！的确，遥控器可以在片刻间恢复我们曾经抛弃的画面，但太轻易的返回和修正，陡然增大轻举妄动的随意，浪费光阴。据说某国训练超常少年，有一条不成文的规定——没收你的橡皮。你要从小养成对你的计算负责，而不能一味地寄托于涂改。况且，有一些美好的片段，电光石火，在我们频频变换频道的时候，已永不复现。

遥控器使我们的耐心千疮百孔。

看到一篇报道，就是没有发明遥控器之前，电视观众考虑一个频道的节目看与否，通常在几分钟之后才做决定。有了遥控器以后，这一辨析的时间，缩短到几十秒甚至十几秒。那位作者是电视台的，他的结论是：要想让你的节目吸引人，有广告效应，就得在每个十几秒的单元内，都杯水兴波抓得住人……

于是大悟，屏幕上为什么有那么多挤眉弄眼的搞笑，有那么多啼笑皆非的噱头。文武之道，一张一弛，波澜起伏方能成就大手笔，才是大家气魄。只在十几秒内博人眼球的东西，多是小把戏。遥控器蚕食了人们的耐心，使我们像泡沫般浮动和烦躁。

遥控器使我们从心到目疾如星火。但世上万物，并非都跟竞技体育似的，越快越好。有些事物，还是慢为佳。识得一个人的心，需要时间。透视一件事的本质，需要时间。掌握一项本领，需要时间。考验一条真理，需要时间。一棵树的长成，需百年风霜，砍伐它，倒是片刻的工夫。一道承诺，实践它需一生一世，背弃它，轻而易举。

遥控器使人们变得傻而倔强。明明是丧失，却以为获得。你被它主宰，却以为是主人。强化了行动，淡化了思索。一个晚上，我们不停地换台，企图寻找最好。时光在啪啪的遥控器声响中逝去，最好的没有找到，留下的是惆怅。单纯地贪变图新，左右了我们的意志。于是，看到的多是残片，记忆中难得完整的印象。咀嚼的是渣滓，留不下流畅的空间。

一位朋友，在茶几上放了一个竹编小笸箩，里面不是纽扣剪刀，而是大大小小形形色色的遥控器。有电视的，录像机的，风扇的，VCD 机的，空调的……仿佛外婆的针线篓。她苦笑：为什么不能跟“一卡通”似的，来个“一遥通”？

另一位朋友，在家庭内发动了一场小小的革命，把所有的遥控器都藏起来了。我问，不会不便？她说，没了这只长手，只要天气还不是热得难以忍受，你就不会去开空调。没把电视里的节目看出子丑寅卯，你就不会慌里慌张地换频道。喇叭里的声调稍显低沉，你会耐心地等待它恢复正常，而不是像以前似的，迫不及待地调高音响，一会儿，待正常音调出现时，又被震得耳痛，忙不迭地用遥控器操纵着变小……手边的事情，还是稍微难点缓点好，人的脾气就沉着冷静了。

世界越来越小，频率越来越快。人被遥控、被操纵的机会越来越多。如果你想要寻求问题的彻底解决，最好还是走到它面前，静静思索再做决定。所有“遥控”能解决的问题，都是事先设定的程序。真实的世界千变万化，镇定和耐心永远比按钮更有效。

幸福和不幸永在

我不认为幸福与科学有什么成比例的关系。也就是说，它们分属于两个系统。一个是情感的范畴，属于精神的领域。一个是物质的范畴，属于无生命的领域（这样划分不严谨，对生命科学有点不敬，请原谅。我说的生命，指的是变幻万千的活体感觉）。在科学产生之前很久，幸福就存在于我们的感知之中。后来科学出现了，但幸福感并没有出现相应的增长，它们是两股道上跑的车，虽然有的时候，轨道会发生小小的交叉。

我相信在原始人那里，远在科学的胚胎还裹于子夜的黑暗襁褓之中，幸福就顽强地莅临刀耕火种的山洞。证据之一就是那个时候的人会快乐地唱歌和跳舞，还创造出玄妙的神话和精美的文字。你不能说在通红的篝火旁手舞足蹈的那些裸体的人，不知道什么是幸福。如果硬要这么说，以为只有现代人才能够知晓和享受幸福，因而看不起我们的祖先，那倘若不是出于无知，就是赤裸裸的现代沙文主义。

在某种物质十分匮乏的时候，它一旦出现，可能会在短暂的时间内激发出人们幸福的感觉。比如，一名男子十分思念热恋中的女友，如果在古代，他只有骑上一匹马，在草原上驰骋三天三夜才能一睹女友的芳颜，当他看到女友眸子的那一瞬，我相信荡漾在他内心的感觉，就是幸福。如今，当同样的思念袭来的时候，他可以买上一张机票，两小时之后就平安到达，当看到女友眸子的那一瞬，我相信他的幸福感同样强烈和震撼。

我们可以简单地说，飞机是和科学有重要关系的物件。因此，好像科学帮助了幸福。但接下来的问题是，这种幸福感是来源于马匹还是飞机？是草原上的风抑或是空中的白云？我想，可能众说纷纭，即便问当事人，也会有不同的答案。会有人说，幸福当然与马匹和飞机有关了。如果没有马匹和飞机，这对相爱的恋人如何聚到一起？从马匹到飞机，这就是科技的进步和力量，科学使幸福的感觉提前出现，并变得比以前要省事、容易。

我不同意这种意见。理由很简单，马匹和飞机只是这个人通往幸福的工具，而非幸福的理由和必然。在那架飞机上有很多乘客，有的人是例行公事，有的人还可能是奔丧。幸福和飞机无关，只和当事人的心情有关。幸福是一种心灵深层的感觉，在最初的温饱和生殖的快感解决之后，它主要来源于人的精神的满足。

我知道我的观点可能会遭到很多人的质疑。比如有人会说，当你患病的时候，突然有了特效的药品，难道你和你的亲人不会有幸福的感觉吗？这死里逃生的曙光难道不是直接来源于科学吗？

我当过很多年的医生，我知道科技的进步对生命的延续是怎样重要，但生命延续的本身并不一定达至幸福的彼岸。生命只是幸福感得以附丽的温床，生命本身是一个中性的存在。它是既可以涂写痛苦也可以泼洒快乐的一幅白绢。当病人和他的家属为某种特效药喜极而泣的时候，那种幸福的感觉主要源自骨肉间的深情。如果没有这种生死相依的情感，任何药物都无法发动快乐和幸福的“过山车”。

科学使粮食的产量增高，但这个世界上依然有吃不饱的穷人。既然引发贫困的源头不是科学，那么由贫穷所导致的痛苦也不是科学能抚平的。科学使交通工具的速度更快，人们可以更迅捷地从甲地到乙地，但时间的缩短和幸福的产出并不呈正相关的关系。君不见朝夕相处近在咫尺的夫妻，往往并不充溢幸福，而是满怀深仇？科学使人类升上太空，得以了解遥远的太空发生的变化，但我看到一位宇航员的回忆录说，他在太空中最深刻的想法是回到地球。科学发现了核能的巨大力量，但核武器把人类推到了亘古未有的悬祸之中。科学延长了老年人的生命，但如果没有亲情的滋润和生存的尊严，这份延长的时间便与幸福毫不相干。

科学提供了产生幸福的新的机遇，但科学并不导致幸福的必然出现。我看到国外的一份心理学家的报告，说在地铁卖唱为生的流浪者和千万富翁对于幸福的感知频率与强度，几乎是一样的。当一个人晚饭没有着落的时候，一个好心人给的汉堡就能给他带来幸福的感觉，但千万富翁就丧失了得到这份幸福的缘分。幸福不是嫌贫爱富的，我们至今没有办法确知某一种情况将必然导致幸福，同样，也无法确认某一种情况将必然导致不幸。

妈妈看到婴儿的出生，想来是天下的大幸福，但对一个未婚母亲或是遭夫遗弃的妻子来说，这幸福的强度就可能要打折扣。生命消失之际按说和幸福不搭界，但我确实听到过一个人在他生命垂危之际说他很幸福，这个人就是我的父亲。这是他所给予我的最宝贵的精神财富之一，令我知道即使是面对永恒的消失，人也可以满怀幸福地沉稳走去。

说到这儿离科学就有些远了，而和人性有了更多的联系。科学要发展，人性要完善，幸福和不幸永在。

指纹状的菌落

那时我是一个年轻的实习医生。在外科做手术的时候，最害怕的是当一切消毒都已完成，正准备戴上手套，穿上洁白的手术衣，开始在病人身上动刀操练的时候，突然从你的身后，递过来一只透明的培养皿。护士长不苟言笑地指示道，你留个培养吧。这是一句医学术语，翻成大众的语言就是——用你已经消完毒的手指，在培养基上抹一下。然后护士长把密闭的培养皿送到检验科，在暖箱里孵化培养。待到若干时日之后，打开培养皿，观察有无菌落生长，以检查你在给病人手术前，是否彻底消毒了你的手指。如果你的手不干净，就会在手术时把细菌带进腹腔、胸腔或是颅脑，引起感染。严重时会危及病人的生命。

我很讨厌这种抽查。要是万一查出你手指带菌，多没面子！于是我消毒的时候就格外认真。外科医生的刷手过程，真应了一句西谚：在碱水里洗三次。先要用硬毛刷子蘸着肥皂水，一丝不苟地直刷到腋下，直到皮肤红到发痛，再用清水反复冲洗，恨不能把你的胳膊收拾得像一根搓掉了皮、马上准备凉拌的生藕。然后整个双臂浸泡在百分之七十五的酒精桶里，度过难熬的五分钟。最烦人的是胳膊从酒精桶里拔出后，为了保持消过毒的无菌状态，不能用任何布巾或是纸张擦拭湿淋淋的皮肤，只有在空气中等待它们渐渐晾干。平日我们打针的时候，只涂一小坨酒精，皮肤就感到辛凉无比。因为酒精在挥发的时候，带走了体内的热能，是一种强大的物理降温过程。现在我们的上肢大面积裸露着，假若是冬天，不一会儿就冻得牙齿鼓点一般叩个不停。

更严格的是在所有过程中，双臂都要像受刑一般高举着，无论多么累，都不能垂下手腕，更严禁用手指接触任何异物。简言之，从消毒过程一开始，你的手就不是你的手了，它成了一件有独立使命的无菌工具。

我的同学是一位漂亮女孩，她的手很美，鸡蛋清一般柔嫩，但在猪毛刷子日复一日的残酷抚摸下，很快变得粗糙无光。由于酒精强烈的脱脂作用，手臂也像枯树干，失去了少女特有的润泽。“单看上肢，我都像一个老太婆了。”她愤愤地说。

以后的日子里，她洗手的时候开始偷工减料。比如该刷三遍，她一遍就草草过关。只要没人看见，她就把白皙的胳膊从酒精桶里解放出来，独自欣赏……有一天，我们正高擎双手，像俘虏兵投降一样傻站着，等着自己的臂膀风干时，她突然说，我的耳朵后边有点痒。

这是一件小事，但对于此时的我们来说，却是一件很难办的事。消过毒的手已被管制，我俩就像卸去双臂的木偶，无法接触自己的皮肤。按照惯例，只有呼唤护士，烦她代为搔痒。因手术尚未开始，护士还在别处忙，眼前一时无人。同学说痒得不行，忍不了。我说，要不咱们俩像山羊似的，脑袋抵着脑袋，互相蹭蹭？她说，我又不是额头痒，是脖子下面的凹处，哪里抵得着？我只好说，你就多想想邱少云吧。同学美丽的面孔在大口罩后面难受得扭歪了。突然，可能痒痛难熬，她电光石火地用消过毒的手，在自己耳朵后面抓了一把。

我惊愕得说不出话来，几乎不相信自己的眼睛。正在这时，护士长走了进来，向我和同学伸出了两个细菌培养皿……

其实事情在这个份上，还是可以挽救的。同学可以直率地向护士长申明情况，说自己的手已经污染，不能接受检验。然后再重复烦琐的洗手过程，她依旧可以正常参加手术。但她什么也没有说，哆哆嗦嗦地探出手指，在培养基上捺了一下……那天是一个开腹手术，整个过程我都恍惚不安，好像自己参与了某种阴谋。

病人术后并发了严重的感染，刀口溃烂腐败，高烧不止，医护人员陷入紧张的治疗和抢救。经过化验，致病菌强大而独特。它是从哪里来的呢？老医生不止一次面对病历自言自语。过了几天，手术者的细菌培养结果出来了，我的同学抹过的培养基上，呈现出茂密的细菌丛，留下指纹状的菌落阴影，正是引致病人感染的险恶品种。

那一刻，我的同学落下一串串眼泪。由于她的过失，病人承受了无妄之灾。她的手在搔痒的时候，沾染了病菌，又在手术过程中污染了腹腔，酿成他人巨大的痛苦。

病人的命总算挽救回来了，但这件事被我牢牢地记在心里，不敢忘怀。

随着年岁渐长，我从中悟出了许多年轻时忽略的道理。

首先是感染和腐败几乎是一种必然。牛奶放在那里，不加温不冷冻，随它去，就一定会变酸发臭。没有特殊的防腐措施，想在常温下保持牛奶的新鲜品质，是痴人说梦。铁会生锈，木头会腐烂，水面布满青苔，密闭的房屋长毛生霉，空气发出臭鸡蛋的味道……腐败几乎是无处不在，见缝下蛆。我那个同学只用手搔了一下耳后，千真万确，仅此一下，病菌潜伏到了她的手上，播种到手术刀口里，就引发了恶劣后果。细菌的生命力和感染力，真是不可思议地强大，任何侥幸心理都是万万要不得的。

二是防感染和腐败的措施，只要认真执行，是一定有效的。凡是认真执行了刷手要诀的人，每次细菌培养就都是阴性，他们的手术后感染率几乎是零。感染和腐败不是不可战胜的，只要有了切实可行、行之有效的措施，严格地执行用鲜血换来的经验教训，腐败和感染可以被制伏。

三是同样的致病菌，每个人的抵抗力不同，结局也就有天壤之别。潜伏在同学耳朵旁的细菌，肯定已在她身上生存多时，相安无事。可是移植到了病人身上，就引发了骇人的后果，盖因彼此的素质不同，结果也就因人而异。同学是正常人，有良好的防御系统，所以病菌伤害不了她。但开刀的病人就不同了，自身抵抗力薄弱，雪上加霜，差点要了性命。当然我这样说，并不是要求病榻上的人要有运动健将一般的体魄，只是说加强自身的防御系统，是抵御病菌最有效的武器。一个人遭受细菌的感染不可避免，但有了足够的准备，即使敌人侵入，也可以在最短的时间内将其歼灭。

最后是要找到一个黄金般的点。应该说抗感染的杀菌药物是十分有效的，医生把致病的细菌培养出来，它就成了靶子。把各种抗菌药物，以不同的浓度加到培养皿里，观察哪种药物杀菌最有效，然后对症下药，把病菌最敏感的药物压下去，力争在最短的时间里，取得胜利。记得老医生总是很仔细地计算用药的剂量，根据病情，反复测算。我看得不耐烦，说搞这么复杂干什么，不是治病救人吗，当然剂量越大效果越好。老医生说，任何药物都是有毒性的，正是为了治病救人，才要找到一个最恰当的剂量，既干净彻底地消灭了病菌，又最大限度地保护挽救病人，这是一门艺术。一个好医生的职责，就是要找到这个像黄金分割率一般宝贵的结合点……

我记住了他的话，但更深刻地领悟它，却是在年岁渐长，看到了许多医学领域以外的问题之后。

病菌和微生物向我们撒下天罗地网，由它们引致的感染与腐败，每日每时都在发生。和形形色色的腐败菌做斗争，也许将贯穿经济和政治生活的整个历史。我们将会有更优秀的医生，我们将会有更强大的药品，我们将会有更严格的消毒手段，但加强自身的抵抗力，永远是最重要的。在旷日持久的战斗中，不断地完善自己、修复自己，人类才会保持蓬勃的生命力，欣欣向荣。

宁静有一种特殊的力量

宁静有一种特殊的力量，就是不管外界怎样变化无常，都能让你的躯体自在平和。就像一艘在狂风巨浪中保持着稳定的船，你难道不惊异于它锚链的深度和船体的坚固吗？

我喜欢宁静的风景和宁静的人，这使我怡然。我的老师林教授曾经帮我分析过这种爱好的形成。她说，你是不是因为在西藏待得太久了，雪山和冰峰静止不动，久而久之，也就养成了你寂静的性格？

我承认她说得有道理。不过，我的幼儿园老师曾说过，我从小就是一个安静的孩子。

真的是这样吗？我不知道。我知道自己的心里常常翻涌着惊涛骇浪。我知道这是我必须经历的，并不害怕。但我不会很激烈地把它表达出来，我觉得有一些事情要出现，就让它出现好了。我不能阻止它们，但可以平静地面对它们。

我在西藏的高原上，看到过这个世界最为纯净的水。它们来自亿万年前的冰川。我常常站立在波涛翻卷的狮泉河边发呆，心想，水的力量和生命是多么伟大啊。它们历经沧桑，仍然珠圆玉润，没有一丝疲惫和倦怠。看不到些许的伤痕，更没有皱纹和白发，永远年轻地喧嚣着，如同新生的那一刹那。

我原来是很敬佩山的，但和水相比，山的自我修复能力要差很多，它们只能不由自主地风化下去，不可复原。山只能沿着一条没有回头的路，照直地走下去，大块的岩石崩塌，化为细碎的沙砾，然后继续颓弱，变做齑粉样的泥沙，再衰变为黄土……

人的心，还是像水吧。可以受伤，但永远有痊愈的力量。在大自然面前，人什么都无须保留，只需堂堂正正即可。

最单纯的生活必需品

迪士尼版的《森林王子》，描写一个人类婴孩巴克利，偶入大森林，被野狼阿力一家收养，在大熊巴鲁、黑豹巴希拉等动物的呵护与培养下，成为友善、勇敢、智慧、快乐的少年，描绘了一幅人与动物在大自然的怀抱中和谐相处的图画。

片中各种动物的造型和举止，颇符合物种个性的特征，险而不惊。特别是蟒蛇与巴克利的斗智斗勇，美妙的搏斗场面既让人想起蛇那油光水滑、阴险狡诈的秉性，被它的盘旋晕得眼花缭乱，又让人在紧张中怡情，充满了机警的悬念。大熊巴鲁为了拯救巴克利，与森林王老虎谢利展开了殊死搏斗，以致昏倒在地。黑豹巴希拉误以为它已阵亡，心情激动地致了一段感人肺腑的悼词。大熊巴鲁慢慢苏醒后躺在地上，一动不动地倾听着，在庄严肃穆中引出人们啼笑皆非的泪水。

巴鲁复苏之后，开始教导人类的孩子巴克利如何在大自然中生活。那只载歌载舞的憨厚大熊反复吟唱着一句话——

“让我们——得到——最单纯的生活必需品……”

真是令人拍案叫绝的真理——最单纯的生活必需品——由一只熊告诉我们。

人想活着，就必然有一些必不可少的物件陪伴左右。几年前，我见到一个乡下孩子和一个城里孩子在做游戏。一张卡片，正面写着问题，背面写着答案。双方看着问题回答，对与不对，以卡片为准。那题目是——生命存活的三大基本要素是什么。

城里孩子说，这还不简单吗，就是脂肪、蛋白质和碳水化合物呗！

乡下孩子说，啥叫脂肪？不就是猪大油吗？人没有猪油那些荤腥吃，能活。蛋白质是啥？不就是鸡蛋吗？人吃不上鸡蛋，也可以活的。碳水化合物是啥东西，俺不知道。俺只知道人要活着，最要紧的是要有水、火柴和粮食！

那张硬硬的精美卡片后面的答案，判定城市孩子的回答正确。但说心里话，我更认为乡下孩子的答案率真和智慧。

纵观人类的历史，我们的生活必需品的名录，就像银行信用卡恶意透支的黑名单，越来越长了。一千年前，假如我们外出，真如那个乡下孩子所讲，只需带上水和干粮，再携一把火镰，就可走遍天下。现在呢，要有旅游鞋、休闲装、盆、碗、帐篷、净水器、驱蚊油、防晒霜、卫星电视、电话机……

这应该算是进步吧，只是大自然不堪重负了。养育一个现代人的物资，足够当初养活一百个一千个原始人。

大熊的箴言里，还有一个含义——单纯。单纯是一种很真实、很透明的东西，我们已经在进化中将它忽略和玷污。比如水吧，人体的细胞所需要的，是纯净的自然之水，而绝不是啤酒、可口可乐和掺了色素的某种混浊液体。人们先是把水弄得很复杂，然后再把脏水过滤。当人饮着这种再生的清水时沾沾自喜，以为这是文明和进步，其实比古代人的饮水质量还差着档次。

再如空气，人的肺所需要的，是凛冽的清新的山谷森林之风，而绝不是被汽车吞吐了千百次的工业废气。人们聚集在城市里，在空气中混进数不清的杂质，然后摇摇头说，这样的地方太不利于健康了。于是开着汽车，满世界找青山绿水的地方，心安理得地住下来，把新的污染带到那里。

人体本来应该简洁明确地表白自己的内心，这样会避免多少误会，节约多少人生，增进多少了解，加快多少速度啊！但是，不。人们变得虚伪客套、声东击西、云山雾罩，并尊称这些技术技巧为礼仪和外交，让世界变得遮遮盖盖、诡谲莫测。于是，无数人在这面无法超越的黑斗篷前终生猜谜，并以此形成许多新的职业和窥探的癖好。

也许我们可以对自己精神和物质生活中所需物品的庞大分子分母，来一个约分。本着单纯和必需的原则，把太繁多的精简，把太复杂的摈弃。必需的东西越少，我们的脚步就越轻捷。佛家有一句话，叫“无挂碍故，无有恐怖”，不妨借用来，少需要物者少烦恼。因为必需少，所以受限轻，人就获得了更快的行走、更高的飞翔。

单纯这件事，说起来简单，做起来不容易，因为世界上有许许多多的杂质，无时无刻不在腐蚀着单纯。人们往往以为单纯只存在于童真，如果你在晚年还保有单纯，如果不是太傻，就是天赐的一种好运气，保佑你未曾遭遇污浊侵袭，所以依旧清澈。其实，最有力量的单纯，是历练过复杂之后的九九归一。以不变应万变，自身有过滤化解和中和澄清的功能。任你血雨腥风，我自静若处子，心永远清清的，呼吸永远轻轻的……

为自己建立快乐的生长点

人类正在经历有史以来最独特的一个阶段，也可以说是“五千年未有之变革”。嘿！岂止是五千年，简直就是自打人类从树上爬下来之后，五十万年甚或两百万年以来从未有过的奇特阶段。

这就是我们生存的威胁，已经不再是祖先们最恐惧的风霜雨雪等自然灾害，也不再是布帛菽粟的温饱问题，而是来自亲手制造的核灾难和心理樊笼。这是我们第一次面临人的心灵广泛起到主导作用的阶段，是人类自身演变进程的关键时刻。

我们面对的最大矛盾是——痛由心生。

饭吃饱了，是好事还是坏事呢？当然是好事了。没有尝过饥饿滋味的人，是很难体会到那种极度低血糖带给人的虚弱，具有多么恐怖和濒死的感觉。那个时候能得到一块干粮，简直就是无与伦比的幸福。如果是一块香喷喷的烤肉，更是咫尺天堂。

饥饿是强大的。当饥饿不存在的时候，很多痛彻心扉的欢乐也一去不复返了（这里的痛，要作痛快来理解）。旧的欢乐走了，要有新的欢乐顶上来。否则，人就被剥夺了幸福的重要源泉。

每个人，要为自己建立起快乐的生长点。这是你在新形势、新阶段的新任务。你不能仅仅满足于食物带来的快乐，也不能满足于性本能带来的快乐。那都是动物的本能，虽然不能一笔抹杀，但人毕竟和动物是有重大区别的。

生物的快乐是永远存在的，不过，它们其实是很节制的。比如你的胃，容量就很有限。我曾亲眼在临床上见到过因为吃得太多，而把胃撑爆裂的病人，极其凄惨。我本来以为胃是很结实的器官，而且到了满溢的时刻，就不会接纳更多的食物。其实不然。因为一下子涌进了大量食物，胃就丧失了蠕动的功能，停滞在那里，好像一个懈怠了的橡皮口袋。如果事情局限在这个地步，还不是最糟，要命的是吃进去的食物，在体温的作用下开始发酵，产生了大量的气体。这时的胃就膨胀起来，变成了一个气球。产气越来越多，气体终于把胃给撑炸了。当我们用手术刀打开患者腹部的时候，看到的是满肚子白花花的大米饭。我们把破裂的胃切除了，用大量的生理盐水清理腹腔，把那些完全没有消化的大米粒从肝胆的后面和肠子的表层冲洗下来，好像在洗一堆油腻的锅碗瓢盆……手术持续了很长时间，我们多么希望能挽救这个人的生命啊，然而，那些米饭带有大量的病菌，它们污染了洁净的腹腔，让这个人生了极重的败血症，最终逝去。

可见，一个人能吃进肚子的食物，实在是有限度的。

再说那个令人颇感兴趣的“性”。性的物质基础是性器官。当我学习性器官的功能时，接触到一个词，叫作“绝对不应期”。这个医学术语是什么意思呢？

面对一块活体的肌肉，你用电极棒刺激一下，它就反射性地弹跳一下，对你的刺激发生反应。你加快刺激的频率，它的反射也就增快增密。但是，这不是可以无限玩下去的游戏。当你的刺激变得更加频密的时候，肌肉反倒一动不动了。老师说，这组肌纤维进入了“绝对不应期”。任你如何加大刺激的强度，它就是呆若木鸡，毫无反应。用一句通俗点的话来说，肌肉罢工了！

肌肉什么时候复工呢？不知道。理智无法操纵肌肉的规律，除非它休息好了，自愿上工。不然，除了等待，你是一点法子也没有。

老师说，在人体所有的肌肉组群中，男性生殖器的肌肉和心肌的绝对不应期是最长的。为什么，你们知道吗？

学生们回答说，心肌如果没有足够的休息，无论什么刺激来了都反应一番，心脏就乱跳起来，会发生纤维性颤动，人体的发动机就废了。

老师说，回答得很好。那么，生殖器的肌肉为什么也要那么长的休息时间呢？

那时我们都很年轻，实在不知道这个问题如何回答为好，面面相觑。

老师说，性可以被用来压抑死亡焦虑。医学不得不承认性的诱惑具有某种极为神奇的力量，是一个强大的避风港，在短时间内可以对抗焦虑。在性的魔力之下，人会陶醉其中。不过，因为生殖器官不是单纯为了给人狂喜的器官，它肩负着繁衍后代的责任。这个工作太辛苦了，所以，它就给这个活动包了一件快乐的外衣，如同药丸外面的那层糖皮。你若是为了糖衣而不停地吃药，一定会把你吃坏。所以，生殖器的肌肉就有了显著的绝对不应期。

但是，请谨记——性绝不是全部。医学教授谆谆告诫，这显然已经超过了医学的范畴。他说，年轻人啊，如果你把性当成了人生的唯一要务，那么，不但身体不能允许，而且在一切如潮水般消退之后，遗留下来的是无比凄凉和无意义的感觉，世界变得庸俗和单一。尤其是杂交，虽然可以向寂寞的人提供短暂而强大的舒缓，但这必然是饮鸩止渴。

我至今不知道这是不是有科学证明的权威说法，但人的生殖系统绝不是贪得无厌的蠢货，这一点我绝对相信。

既然食欲和性欲带给我们的快乐都是有定量的，那我们到哪里去寻找取之不尽、用之不竭的快乐呢?

只有精神领域的探索是永无止境的，它能提供的快乐也是最高质量的快乐。

你的身体里必有一颗成功的种子

在每个人的生命里，都有一个关于创造的秘密，等待着被发现。那将是你的第二次诞生。

你一定要相信，在你的身体里，有一颗种子，焦灼地盼望着阳光。至于它到底是一颗什么种子，在没有发芽之前，谁也不知道。

你的责任就是给它浇水，保护它不被鸟雀啄食，不因为干渴而失去生机，不会被人偷走，也不会在你饥肠辘辘的时刻被你炒熟了充饥。如果那样做了，你虽可一时果腹，却丧失了长久发展的原动力。

那颗种子可能藏在你的耳朵里，你就有灵敏的听觉。可能藏在你的手指甲里，你就有非凡的触觉。也可能在你的眸子里，也可能在你的肌肉中。当然了，更可能在你的大脑中、心脏里、双手中……

每个人在属于个人的成长经历中，早已获得了解决问题的丰富宝藏。请信任我们的潜意识，它必定能在正确的时机产生恰当的回应。告诉你一句悄悄话——有时候，信息也将以非语言的方式揭露真相。

找找吧。一定找得到！

身体里绝对有不少于一百种的功能，能保证你在浑然不觉中完成种种复杂的运作。但你不要以为功能们会一直老老实实地待在那里，它们是勤勤恳恳的，却不是任劳任怨的。如果你一直视它们的存在为理所当然，从来不照料它们，不维护和激励它们，或是过度使用，或置若罔闻，那么，它们不是反抗，就是消极怠工，也许集体突围，无声无息地溜走了，然而你误以为它们从来不曾居住在你的身体里。要知道，一辈子无意识地随波逐流，会导致你各种功能的退化。

成功并不像想象的那样难。因为我们不敢做，它才变得难起来。

与寂寞共处

常常是心中很寂寞，说出口的却是词不达意的热闹。这个世界已经够喧哗的了，现在需要的只是静静面对内心。

需要别人确认，才觉得自己活着的人，必然会逃避寂寞。节省下来的时间，用来干什么？只好另外想办法来谋杀时间。

寂寞是一种悄然的存在，不要挑战它，也不要逃避，学着共处就是。

开会常常让我感到寂寞，喧嚣人群中的寂寞。不喜欢很多会议的场合，在那里听不到发自肺腑的声音，套话多。有些话像风一样地从耳边刮过，留不下任何印象。

也许是因为我年轻时在西藏当兵，营地在海拔五千米的高原之上，氧分压只有海平面的一半，对缺氧的感受十分敏感。会场里人一多，马上就感觉到缺氧，好像当年在雪原上跋涉的艰辛感觉又复活了，心中充满疲累。

这种时刻，我会不由自主地走出会场，到外面去呼吸新鲜空气。也不敢待的时间太久了，怕人家以为是对发言者、组织者的不敬。

我知道有些时候套话是一种必需，是一种人际关系和社会关系的润滑剂。这种润滑剂可不便宜，要用时间去购买，算得上是奢侈品了。

我是一个视时间为尊贵的人，实在不敢这样靡费，甘愿寂寞着。

第三辑

没有人是一座孤岛

谁是你的重要他人

“重要他人”是一个心理学名词，意思是在一个人心理和人格形成的过程中，起过巨大影响甚至是决定性作用的人物。

“重要他人”可能是我们的父母长辈，或者是兄弟姐妹，也可能是我们的老师，抑或萍水相逢的路人。童年的记忆遵循着非常玄妙神秘的规律，你着意要记住的事情和人物，很可能湮没在岁月的灰烬中，但某些特定的人和事，却挥之不去，影响我们的一生。如果你不把它们寻找出来，并加以重新认识和把握，它就可能像一道符咒，在下意识的海洋中潜伏着，影响潮流和季风的走向。你的某些性格和反应模式，由于“重要他人”的影响，而被打上了深深的烙印。

这段话有点拗口，还是讲个故事吧。故事的主人公是我和我的“重要他人”。

她是我的音乐老师，那时很年轻，梳着长长的大辫子，有两个漏斗一样深的酒窝，笑起来十分清丽。当然，她生气的时候酒窝隐没，脸绷得像一块苏打饼干，木板样干燥，很是严厉。那时我大约十一岁，个子长得很高，是大队委员，也算个孩子里的小官，有很强的自尊心和虚荣心了。

学校组织“红五月”歌咏比赛，要到中心小学参赛。校长很重视，希望歌咏队能拿好名次，为校争光。最被看好的是男女小合唱，音乐老师亲任指挥。每天下午集中合唱队的同学们刻苦练习。我很荣幸被选中，每天放学后，在同学们羡慕的眼光中，走到音乐教室，引吭高歌。

有一天练歌的时候，长辫子的音乐老师突然把指挥棒一丢，一个箭步从台上跳下来，东瞄西看。大家不知所以，齐刷刷闭了嘴。她不耐烦地说，都看着我干什么？唱！该唱什么唱什么，大声唱！说完，她侧着耳朵，走到队伍里，歪着脖子听我们唱歌。大家一看老师这么重视，唱得就格外起劲。

长辫子老师铁青着脸转了一圈儿，最后走到我面前，做了一个斩钉截铁的手势，整个队伍瞬间安静下来。她叉着腰，一字一顿地说，毕淑敏，我在指挥台上总听到一个人跑调儿，不知是谁。我走下来一个人一个人地听，总算找出来了，原来就是你！一颗老鼠屎坏了一锅汤！现在，我把你除名了！

我木木地站在那里，无法接受这突如其来的打击。刚才老师在我身旁停留得格外久，我还以为她欣赏我的歌喉，唱得分外起劲，不想却被抓了个“现行”。我灰溜溜地挪出了队伍，羞愧难当地走出教室。

那时的我，基本上还算是一个没心没肺的女生，既然被罚下场，就自认倒霉吧。我一个人跑到操场，找了个篮球练起来，给自己宽心道，嘿，不要我唱歌就算了，反正我以后也不打算当女高音歌唱家。还不如练练球，出一身臭汗，自己闹个筋骨舒坦呢！（嘿！小小年纪，已经学会了中国小老百姓传统的精神胜利法。）这样想着，幼稚而好胜的心也就渐渐平和下来。

三天后，我正在操场上练球，小合唱队的一个女生气喘吁吁地跑来说，毕淑敏，原来你在这里！音乐老师到处找你呢！

我奇怪地说，找我干什么？

那女生说，好像要让你重新回队里练歌呢！

我挺纳闷，不是说我走调厉害，不要我了吗？怎么老师又改变主意了？对了，一定是老师思来想去，觉得毕淑敏还可用。从操场到音乐教室那几分钟路程，我内心充满了幸福和憧憬，好像一个被发配的清官又被皇帝从边关召回来委以重任，要高呼“老师圣明”了（正是瞎翻小说，胡乱联想的年纪）。走到音乐教室，我看到的是挂着冰霜的“苏打饼干”。长辫子老师不耐烦地说，毕淑敏，你小小年纪，怎么就长了这么高的个子？！

我听出话中的谴责之意，不由自主就弓了脖子塌了腰。从此，这个姿势贯穿了我的整个少年和青年时代，总是略显驼背。

老师的怒气显然还没发泄完，她说，你个子这么高，唱歌的时候得站在队列中间，你跑调儿走了，我还得让另外一个男生也下去，声部才平衡。人家招谁惹谁了？全叫你连累的，上不了场！

我深深低下了头，本来以为只是自己的事，此刻才知道还把一个无辜者拉下水，实在无地自容。长辫子老师继续数落，小合唱本来就没有几个人，队伍一下子短了半截，这还怎么唱？现找这么高个子的女生，合上大家的节奏，哪儿那么容易？现在，只剩下最后一个法子了……

老师看着我，我也抬起头，重燃希望。我猜到了老师下一步的策略，即便她再不愿意，也会收我归队。我当即下决心要把跑了的调儿扳回来，做一个合格的小合唱队员！

我眼巴巴地看着长辫子老师，队员们也围了过来。在一起练了很长时间的歌，彼此都有了感情。我这个大嗓门儿走了，那个男生也走了，音色轻弱了不少，大家也都欢迎我们归来。

长辫子老师站起来，脸绷得好似新纳好的鞋底。她说，毕淑敏，你听好，你人可以回到队伍里，但要记住，从现在开始，你只能干张嘴，绝不可以发出任何声音！说完，她还害怕我领会不到位，伸出颀长的食指，笔直地挡在我的嘴唇间。

我好半天才明白了长辫子老师的禁令——让我做一个只张嘴不出声的木头人。泪水憋在眼眶里打转，却不敢流出来。我没有勇气对长辫子老师说，如果做傀儡，我就退出小合唱队。在无言的委屈中，我默默地站到了队伍中，从此随着器乐的节奏，口形翕动，却不得发出任何声音。长辫子老师还是不放心，只要一听到不和谐音，锥子般的目光第一个就刺到我身上……

小合唱在“红五月”歌咏比赛中拿了很好的名次，只是我从此遗下再不能唱歌的毛病。毕业的时候，音乐考试是每个学生唱一支歌，但我根本发不出自己的声音。音乐老师已经换人，并不知道这段往事。她很奇怪，说，毕淑敏，我听你讲话，嗓子一点毛病也没有，怎么就不能唱歌呢？如果你坚持不唱歌，你这一门没有分数，你不能毕业。

我含着泪说，我知道。老师，不是我不想唱，是我真的唱不出来。老师看我着急成那样，料我不是成心捣乱，只得特地出了一张有关乐理的卷子给我，我全答对了，才算有了这门课的分数。

后来，我报考北京外语学院附中，口试的时候，又要考唱歌。我非常决绝地对主考官说，我不会唱歌。那位学究气的老先生很奇怪，问，你连《学习雷锋好榜样》也不会？那时候，全中国的人都会唱这首歌，我要是连这也不会，简直就是白痴。但我依然很肯定地对他说，我不唱。主考官说，我看你胳膊上戴着三道杠，是个学生干部。你怎么能不会唱？当时我心里想，我豁出去不考这所学校了，说什么也不唱。我说，我可以把这首歌词默写出来，如果一定要测验我，就请把纸笔找来。那老人居然真的去找纸笔了……我抱定了被淘汰出局的决心，拖延时间不肯唱歌，和那群严谨的考官们周旋争执，弄得他们束手无策。没想到发榜时，他们还是录取了我。也许是我一通胡搅蛮缠，使考官们觉得这孩子没准儿以后是个谈判的人才吧。入学之后，我迫不及待地问同学们，你们都唱歌了吗？大家都说，唱了啊，这有什么难的。我可能是那一年北外附中录取的新生中唯一没有唱歌的孩子。

在那以后几十年的岁月中，长辫子老师那竖起的食指，如同一道符咒，锁住了我的咽喉。禁令铺张蔓延，到了凡是需要用嗓子的时候，我就忐忑不安，逃避退缩。我不单再也没有唱过歌，就连当众发言演讲和出席会议做必要的发言，都会在内心深处引发剧烈的恐慌。我能躲则躲，找出种种理由推托搪塞。会场上，眼看要轮到自己发言了，我会找借口上洗手间溜出去，招致怎样的后果和眼光，也完全顾不上了。有人以为这是我的倨傲和轻慢，甚至是失礼，只有我自己才知道，是内心深处不可言喻的恐惧和哀痛在作祟。

直到有一天，我在做“谁是你的重要他人”这个游戏时，写下了一系列对我有重要影响的人物之后，脑海中不由自主地浮现出长辫子音乐老师那有着美丽的酒窝却像铁板一样森严的面颊，一阵战栗滚过心头。于是我知道了，她是我的“重要他人”。虽然我已忘却了她的名字，虽然今天的我以一个成人的智力，已能明白她当时的用意和苦衷，但我无法抹去她在一个少年心中留下的惨痛记忆。烙红的伤痕直到数十年后依然冒着焦煳的青烟。

弗洛伊德精神分析学派认为，即使在那些被精心照料的儿童那里，也会留下心灵的创伤。因为儿童智力发展的规律，当他们幼小的时候，不能够完全明辨所有的事情，以为那都是自己的错。

孩子的成长，首先是从父母的瞳孔中确认自己的存在。他们稚弱，还没有独立认识世界的能力。如同发育时期的钙和鱼肝油会进入骨骼一样，“重要他人”的影子也会进入儿童的心理年轮。“重要他人”说过的话，做过的事，他们的喜怒哀乐和行为方式，会以一种近乎魔法的力量，种植在我们心灵最隐秘的地方，生根发芽。

在我们身上，一定会有“重要他人”的影子。

美国有一位著名的电视主持人，叫作奥普拉·温弗瑞。

2003 年，她登上了《福布斯》身家超过十亿美元的“富豪排行榜”，成为黑人女性获得巨大成功的代表。

父母没有结婚就生下了她，从小住的房子连水管都没有。一天，温弗瑞正躲在屋角读书，母亲从外面走进来，一把夺下她手中的书，破口大骂道，你这个没用的书呆子，把你的屁股挪到外面去！你真的以为你有什么了不起？你这个白痴！

温弗瑞九岁就被表兄强奸，十四岁怀了身孕，孩子出生后就死了。温弗瑞自暴自弃，开始吸毒，然后又暴饮暴食，吃成了一个大胖子，还曾试图自杀。那时，没有人对她抱有希望，包括她自己。就在这时，她的生父对她说：

有些人让事情发生，

有些人看着事情发生，

有些人连发生了什么都不知道。

极度空虚的温弗瑞开始挣扎奋起，她想知道自己的生命中究竟会有些什么样的事情发生。她要顽强地去做“让事情发生的人”。大学毕业之后，她获得了一个电视台主持人的职位。1984 年，她开始主持《芝加哥早晨》，大获成功，在很短的时间里成为全美收视率最高的节目。她开始发动全国范围内的读书节目，她对书的疯狂热爱和她的影响力，改变了很多书的命运。只要她在自己的脱口秀节目里对哪本书给予好评，那本书的销量就会节节攀升。

温弗瑞成立了自己的公司，创办了畅销杂志，还参股网络公司。她乐善好施的名声和她的节目一样响亮。她每年把自己收入的百分之十用来做慈善捐助。温弗瑞亲手推动了太多的事情发生！她认为，这主要来源于父亲的那一句话。

如果让温弗瑞写下她的“重要他人”，她的父亲一定高居榜首。他不但给予了温弗瑞生命，而且给予了她灵魂。温弗瑞的母亲也算一个。她以精神暴力践踏了幼小的温弗瑞对书籍的热爱，潜藏的愤怒在蛰伏多年之后变成了不竭的动力，使成年以后的温弗瑞，以极大的热情投入和书籍有关的创造性劳动中，不但自己读了大量的书，还不遗余力地把好书推荐给更多的人。那个侮辱侵犯了温弗瑞的表哥，也要算作她的“重要他人”，这直接导致了她的巨大痛苦和放任自流，也在很多年后，促使她执掌财富之后，把大量款项用于慈善事业，特别是援助儿童和黑人少女。

看，“重要他人”就是如此影响人的生活和命运的。

美国通用电气公司的CEO杰克·韦尔奇，被誉为全球第一CEO。在短短二十年里，韦尔奇使通用电气的市值增加了三十多倍，达到了四千五百亿美元，排名从世界第十位升到了第二位。韦尔奇说，母亲给他的最伟大的礼物就是自信心。韦尔奇从小就口吃，就是平常所说的“结巴”。在大学读书的时候，每逢星期五，天主教徒是不准吃热血动物肉的，所以在学校的餐厅里，韦尔奇经常会点一份烤面包夹金枪鱼。奇怪的是，女服务员端上来的都是两份。为什么呢？因为韦尔奇结巴，总是把这份食谱的第一个单词重复一遍，服务员就听成了“两份金枪鱼”。

面对这样一个吭吭哧哧的孩子，韦尔奇的母亲居然找出了完美的理由。她对幼小的韦尔奇说：“这是因为你太聪明了，没有任何一个人的舌头，可以跟得上你这样聪明的脑袋。”

韦尔奇记住了母亲的这种说法，从未对自己的口吃有过丝毫的忧虑。他充分相信母亲的话，他的大脑比他的舌头转得更快。母亲引导着韦尔奇不断进取，直到他抵达辉煌的顶峰。母亲是韦尔奇的“重要他人”。

再讲一个苹果的故事。正确地说，是两个苹果的故事。

一位妈妈有两个孩子，她拿出两个苹果。苹果一个大一个小，妈妈让两个孩子自己来挑。大儿子很想要那个大苹果，正想着怎么说才能得到这个苹果，弟弟先开了口，说，我想要大苹果。妈妈呵斥道，你想要大的苹果，你不能说。这个大儿子灵机一动，改口说，我要这个小苹果，大苹果就给弟弟吧。妈妈说，这才是好孩子。于是，妈妈就把小苹果给了小儿子，大儿子反倒得到了又红又大的苹果。大儿子从妈妈这里得到了一条人生的经验：你心里的真心话不可以说，你要把真实掩藏起来。后来，这个大儿子就把从苹果中得到的道理应用于自己的生活，见人只说三分话，耍阴谋使诡计，巧取豪夺，直到有一天把自己送进了监狱。这个成了犯人的大儿子，如果写下自己的“重要他人”，我想他会写下妈妈和这个红苹果。

还有一位妈妈，有一篮苹果和一群孩子，也是人人都想得到大苹果。妈妈把苹果拿到手里，说，大苹果只有一个，你们兄弟这么多，给谁呢？我把门前的草坪划成三块，你们每人去修剪一块草坪。谁修剪得又快又好，谁就能得到这个大苹果。

众兄弟中的老大得到了红苹果。

他从中悟出的生活哲理是——享受要靠辛勤的劳动换取。

这个信念指导着他，直到他最后走进了白宫，成为著名的政治家。如果由他来写下自己的“重要他人”，妈妈和红苹果也会赫然在列。

看了以上的例子，你是不是对“重要他人”的重要性有了进一步的认识？也许有的人会说，我儿时的记忆早已模糊，可不记得什么他人不他人的了。我现在的所作所为，都是我自己决定的，和其他人没关系。

这个说法有一定的道理，在我们的意识中，很多决定的确是经过仔细思考才做出的。但人是感情动物，情绪常常主导着我们的决定。而情绪是怎样产生的呢？这也和我们与“重要他人”的关系密切相关。

有一位著名的心理学家，叫作艾利斯，他认为，人的非理性信念会直接影响一个人的情绪，使他遭受困扰，导致人的很多痛苦。比如，有的人绝对需要获得周围环境的认可，特别是获得每一位“重要他人”的喜爱和赞许，其实这是不可能实现的事。有人就是笃信这个观念，把它奉作真理，千辛万苦，甚至委屈自己来取悦“重要他人”，以后还会扩展到取悦更多的人，甚至所有的人，以得到其赞赏。结果呢，达不到目的不说，还令自己沮丧失望、受挫和被伤害。

传统脑神经学认为，每一种情绪都是经过大脑的分析才做出反应的，但近年来，美国的神经科学家却找到了情绪神经传输的栈道。通过精确的研究，科学家们发现，有部分原始信号是直接从人的丘脑运动中枢，引起逃避或是冲动的反应，其速度极快，大脑的分析根本来不及介入。大脑里，有一处记忆情绪经验的地方，叫作杏仁核，它将我们过去遇见事情时的情绪、反应记录下来，好像一个忠实的档案保管员。在以后的岁月中，只要一发生类似事件，杏仁核就会越过大脑的理性分析，直接做出反应。

真是“成也萧何，败也萧何”。杏仁核这支快速反应部队，既帮助我们在危急的时刻，成功地缩短应对时间，保全我们的利益，也会在某些时候形成固定的模式，贻误我们的大事。

杏仁核里储存的关于情绪应对的档案资料，不是一时一刻积存的。“重要他人”为什么会对我们产生那么重要的影响，我猜想，关于“重要他人”的记忆，是杏仁核档案馆里使用最频繁的卷宗。往事如同拍摄过的底片，储存在暗室，一有适当的药液浸泡，它们就清晰地显影，如同刚刚发生一般，历历在目，相应的对策不经大脑筛选就已经完成。

魔法可以被解除。那时你还小，你受了伤，那不是你的错。但你的伤口至今还在流血，你却要自己想法包扎。如果它还像下水道的出口一样嗖嗖地冒着污浊的气味，还对你的今天、明天继续发挥着强烈的影响，那是因为你仍在听之任之。童年的记忆无法改写，但对一个成年人来说，却可以循着“重要他人”这条缆绳，重新梳理我们和“重要他人”的关系，重新审视我们应对问题的规则和模式。如果它是合理的，就变成金色的风帆，成为理智的一部分。如果它是晦暗的荆棘，就用成年人有力的双手把它粉碎。这个过程不是一蹴而就的，有时自己完成力不从心，或是吃力、痛苦，还需要借助专业人士的帮助，比如求助于心理咨询师。

也许有人会说，“重要他人”对我的影响是正面的，正因为心中有了他们的身影和鞭策，我才取得了今天的成绩。这个游戏，并不是要把“重要他人”像拔萝卜一样连根揪出来，然后与之决裂。对我们有正面激励作用的“重要他人”，已经成为我们精神结构的一部分。他们的期望和教诲已化成了我们的血脉，我们永远不会丢弃对他们的信任和仁爱。但我们不是活在“重要他人”的目光中，而是活在自己的努力中。无论那些经验和历史多么宝贵，对于我们来说，已是如烟往事。我们是为了自己而活着，并为自己负起全责。

经过处理的惨痛往事，已丧失实际意义上的控制魔力。长辫子老师那句“你不要发出声音”的指令，对今天的我来说，早已没有了辖制之功。

就是在最饱含爱意的环境中长大的孩子，也会存有心理的创伤。

寻找我们的“重要他人”，就是抚平这创伤的温暖之手。

当我把这一切想清楚之后，好像有热风从脚底生起，我能清楚地感受到长久以来禁锢在我咽喉处的冰霜噼噼啪啪地裂开了，一个轻松畅快的我，从符咒下解放了出来。从那一天开始，我可以唱歌了，也可以面对众人讲话而不胆战心惊了。从那一天开始，我宽恕了我的长辫子老师，并把这段经历讲给其他老师听，希望他们面对孩子稚弱的心灵，懂得该是怎样谨慎小心。童年时留下烙印的负面情感，难以简单地用时间的橡皮轻易地擦去。这就是心理治疗的必要性所在。和谐的人格不是从天上掉下来的，而是和深刻的内省有关。

告诉缺水的人哪里有水源，告诉寒冷的人哪里有篝火，告诉生病的人哪里有药草，告诉饥饿的人哪里有野果，这些都是天下最好的礼物。

如果让我选出自己最喜欢的游戏，我很可能要把票投给“谁是你的重要他人”。感谢这个游戏，它在某种程度上修改了我的人生。人的创造和毁灭都是由自己完成的，人永远是自己的主人。即使当他在最虚弱、最孤独的时候，他也是自己的主人。当他开始反省自己的状况，开始辛勤地寻找自己的生命所依据的法则时，他就变得渐渐平静而快乐了。

再选你的父母

我猜很多人一看到这个题目，就大不以为然，甚至愤愤然了，觉得毕淑敏是不是昏了头，父母是可以再选的吗？中国是孝之邦，身体发肤，受之父母，戴德还表达不尽，岂容再选？我的父母是天下最好的父母，让我重选父母，这不是逼人不孝吗？若是父母已驾鹤西行，这题目简直就是违背天伦。

请您相信我，我没有一丁点想冒犯您的意思，也不是为了震撼视听哗众取宠，实在是为了您的心理健康。

父母可不可以批评？我想大家理论上一定承认父母是可以批评的。即使是伟人，也有这样那样的错误和缺点，我们的父母肯定不是完人，当然也可以讨论。可实际上，有多少人心平气和地批评过我们的父母，并收到了良好的回馈，最终取得了让人满意的效果呢？我能客观地审视父母的优劣长短、得失沉浮吗？我相信愤怒的青年可以大吵一架离家出走，但这并不代表着他能公允地建设性地评价父母。也许有人会说，那是历史了，我们有什么理由在很多年后，甚至在父母都离世之后，还议论他们的功过是非呢?

我想郑重地说，有。因为那些历史并没有消失，它们就存在我们心灵最隐秘的地方，时时在引导着我们的行为准则，操纵着我们的喜怒哀乐。

父母是会伤人的，家庭是会伤人的。当我们还是孩子的时候，我们无力分辨哪些是真正的教导、哪些只是父母自身情绪的宣泄。我们如同酒店里恭顺的小伙计，把父母的话和表情，还有习惯和嗜好，如同流水账一般记录在年幼的脑海中。他们是我们的长辈，他们供给我们吃穿住行，在某种程度上说，我们是凭借他们的喜爱和给予，才得以延续自己幼小的生命。那时候，他们就是我们的天和地，我们根本就没有力量抗辩他们、忤逆他们。

你的父母塑造了你，你在不知不觉中重复着他们展示给你的模板，你是他们某种程度的复制品。分析他们的过程其实是在分析你自己。

请你准备一张白纸，让思绪和想象自由驰骋。在白纸上方写下你的名字，左边写上“再选”二字。现在，纸上的这行字变成了“再选 ×”，你在这行字的右面写上“的父母”三个字。

“再选 × 的父母”。我敢说，也许在此刻之前，你从来没有想过可以把自己的父母炒了鱿鱼，让他们下岗，自行再来招聘一对父母。请你郑重地写下你为自己再选父母的名字。

父：

母：

我猜你一定狠狠地愣一下。虽然我们对自己的父母有过种种的不满，但真的把他们淘汰了，你一定目瞪口呆。你要挺住啊，记住这不过是一个游戏。

谁是我们再选父母的最佳人选呢？你不必煞费苦心，心灵游戏的奥妙之处就在于它的一闪念之中。你的潜意识如同潜藏深海的美人鱼，一个鱼跃，跳出海面，露出了它流线型的身躯和嘴边的胡须。原来，它并非美女，也不是猛兽。关于你的再选父母的人选，你把头脑中涌起的第一个人名写下就是了。

他们可以是英雄豪杰，也可以是邻居家的老媪；可以是已经逝去的英豪，也可以是依然健在的大款；可以是绝色佳人，也可以是末路英雄；可以是动物植物，也可以是山岳湖泊；可以是日月星辰，也可以是布帛黍粟；可以是一代枭雄，也可以是飞禽走兽；可以是自己仰慕的长辈，也可以是弟妹同学……总之，你就尽量展开想象的翅膀，天上地下地为自己选择一对心仪的父母。

你再选的父母是什么类型的东西（原谅我用了“东西”

这个词，没有不敬的意思，只是一言以蔽之)，这不重要。重要的是你在这个游戏中重新认识了你的父母，你在弥补你童年的缺憾，你在重新构筑你心灵的世界。你会发现自己缺少的东西、追求的东西到底是什么。

有个农村来的孩子，父母都是贫苦的乡民。在重选父母的游戏中，他令自己的母亲变成了玛丽莲·梦露，让自己的父亲变成了乾隆。我想这是一个非常典型的例子，我首先要感谢这位朋友的坦率和信任。因为这样的答案太容易引起歧义和嘲笑了，虽然它可能是很多人的向往。

我问他，玛丽莲·梦露这个女性，在你的字典中代表了什么？他回答说，她是我见过的最美丽和最现代的女人。我说，那么，你是不是觉得自己亲生母亲丑陋和不够现代？他沉默了很久说，正是这样。中国有句俗话叫作“儿不嫌母丑，狗不嫌家贫”，我嫌弃我的母亲丑，这真是大不敬的恶行。平常我从来不敢跟人表露，但她实在是太丑的女人，让我从小到大蒙受了很多耻辱。我在心里是讨厌她的。从我开始知道美丑的概念，我就不容她和我一道上街，就是距离很远，一前一后的也不行，因为我会感到人们的目光像线一样把我和她联系起来。后来我到城里读高中，她到学校看我，被我呵斥走了。同学问起来，我就说，她是一个丐婆，我曾经给过她钱，她看我好心，以为我好欺负，居然跟到这里来了……

我说这些话的时候，觉得自己也很有道理，因为母亲丑，并把她的丑遗传给了我，让我承受世人的白眼，我想她是对不住我的。至于我的父亲，他是乡间的小人物，会一点小手艺，能得到人们的一点小尊敬。我原来是以他为豪的，后来到了城里，上了大学，才知道山外有山、天外有天，才知道父亲是多么草芥。同学们的父亲，不是经常在本地电视要闻中露面的政要，就是腰缠万贯、挥金如土的巨富，最次的也是个国企的老总，就算厂子穷得叮当响，照样有公车来接子女上下学。我的位于社会底层的位置是我的父母强加给我的，这太不公平。深层的怒火潜伏在我心底，使我在自卑的同时非常敏感，性格懦弱，但在某些时候又像地雷似的一碰就炸……算了，不说我了，我本来认命了，因为父母是不能选择的，所以也从来没有动过这方面的脑筋。既然你今天让做换父母的游戏，让我可以大胆设想、别具一格，我一下子就想到了梦露和乾隆。

我说，先问你一个问题，如果父亲不是乾隆，换成布什或布莱尔，要不就是拉登，你以为如何？

他笑起来说，拉登就免了吧，虽然名气大，但是个恐怖分子，再说翻山越岭胡子老长的也太辛苦。布什或布莱尔？

当然可以，我说，你希望有一个总统或是皇上当父亲，这背后反映出来的复杂思绪，我想你能察觉。

他静了许久，说，我明白那永远伴随着我的怒气从何而来了。我仰慕地位和权势，我希图在众人视线的聚焦点上。我看重身份，热爱钱财，我希望背靠大树好乘凉……当这些无法满足的时候，我就怨天尤人，心态偏激，觉得从自己一落地就被打入了另册。因此我埋怨父母，可是中国“孝”字当先，我又无法直抒胸臆，情绪翻搅，就让我永远不得轻松。工作中、生活中遇到的任何挫折，都会在第一时间让我想起先天的差异，觉得自己无论怎样奋斗也无济于事……

我说，谢谢你的这番真诚告白。只是事情还有另一面的解释，我不知你想过没有？

他说，我很想一听。

我说，这就是，你那样平凡贫困的父母在艰难中养育了你，你长得并不好看，可他们没有像你嫌弃他们那样嫌弃你，而是给了你力所能及的爱和帮助。他们自己处于社会的底层，却竭尽全力供养你读书，让你进了城，有了更开阔的眼界和更丰富的知识。他们明知你不以他们为荣，可他们从不计较你的冷淡，一如既往地以你为荣。他们以自己孱弱的肩膀托起了你的前程，我相信这不是希求你的回报，只是一种无私无悔的爱。

你把梦露和乾隆的组合当成你的父母的最佳结合，恕我直言，这种跨越国籍和历史的组合，攫取了威权和美貌的叠加，在这后面你是否舍弃了自己努力的空间？

梦露是出自上帝之手的珍稀品种，乾隆也是天分和无数拼杀才造就的英才。在你的这种搭配中，我看到是一厢情愿的无望，还有不切实际的奢求。

那位年轻人若有所思地走了。我注视着他的背影，期待他今后可能会有改变。

请你静静地和你的心在一起，面对着你写下的期望中的父母的名字，去感受这种差异后面麇集的情愫。发现是改变的尖兵。

谁是你的闺密

某天，我看到工作人员正在清理一堆小山似的硬币，好像是哪个孩子当场砸碎了他的宝贝扑满。我很奇怪，心理机构不是超市银行，似乎不应该搜集如此多的硬币。助手们都很尽职，平常绝不会在业务场所处理私事，看来这些硬币和工作有关。我实在想不明白：硬币和心理咨询有何关系？

助手看我纳闷，就说，这是一个孩子交来的预约咨询费用。我一时愣怔，心想，孩子的钱，是不是应该减免？助手看我不说话，以为我是在斟酌钱的数量，就说，这是那个孩子所有的钱，我打算自己帮她补足。

我问，钱的事，咱们再说。我想知道孩子是跟着谁来的。

按照惯例，孩子的问题，都是父母发现后焦虑不安地领来求助。

助手说，这孩子是自己来的，用压岁钱来付费，父母根本不知道她要来看心理医生。助手说着，把她的登记表递过来。

工工整整的字迹填写着：张小锦，女，13岁，本市××中学初中一年级学生……

见到张小锦的时候，我吃了一惊。本以为这么敢作敢为挺有主意的孩子一定牛高马大，却不料她十分瘦小，穿橙色校服蜷在沙发中，好像一粒小小的黄米。

我说，你遇到了什么事情，需要我们的帮助？

瘦小的张小锦说起话来嗓门挺大，音调暗哑，有点像张柏芝，仿佛轻巧的身躯里藏着一根摔裂的长笛。张小锦咬牙切齿道：我请你帮助我——除掉我妈的朋友！

我着实被吓了一跳。这个开头，有点像黑帮买凶杀人。我说，你很恨你妈妈的朋友？

张小锦说，那当然！请你千万不要把我的话告诉任何人。你要发誓，永远不能说。

这可让我大大地为难了。就算她是一个孩子，如果她图谋杀人，我也要向有关机构报告。如果我拒绝了张小锦的要求，她很可能就拒绝和我说知心话了，帮助便无从谈起。我避开话锋，慢吞吞地回答，你能告诉我，你说的“除掉妈妈的朋友”是什么意思？

“除掉”通常是血腥的。警匪影片中将要杀死某个人的时候，匪徒们会窃窃私语，吐出这个词。张小锦回答说，我的“除掉”就是让这个朋友离开我家！不要和我妈没完没了说个不停，让我妈多拿出一点时间来陪我，遇事别老听这个朋友的，也和我聊聊天，也听听我的想法……

原来是这样！在张小锦的词典里，“除掉”并不是杀死，只是离开。我稍稍松了一口气，说，张小锦，看来你妈妈和你交流不够，你对此很有意见啊。

张小锦遇到了知音，直起身板说，对啊！我妈有什么心事，只和朋友说，不和我说。我们家的事，是和她朋友关系密切啊，还是和我密切啊？

张小锦黑亮的眼珠凝神盯着我，目光中带出急切和哀伤。

我立即表态，你们家的事，当然是和你关系最密切了。

这让张小锦很受用，她说，对啊！那个朋友一天到晚老缠着我妈，让我妈离婚，破坏我们家的和睦！说着，她长长的睫毛润湿了。我递过去几张纸巾，张小锦执拗不接，只是不停地眨巴眼睛，希望眼帘把泪水吸干，睫毛就聚成几把纤巧的小刷子。

看来张小锦家充满了矛盾和危机，她妈妈的朋友也许正是罪魁祸首。我说，小锦，是妈妈的朋友让你们家庭变得不幸福了？

张小锦一个劲儿地点头，正是！

我说，妈妈的坏朋友具体是个怎样的人？

张小锦突然有点踌躇，说，其实这人也不算太坏，逢年过节都会给我买礼物，是我妈的闺密。

晕！我一直以为妈妈的朋友是个男人，甚至怀疑他就是破坏张小锦家的第三者。现在才知道，朋友是个女的！有一瞬间，闪过张小锦的妈妈是不是个双性恋的念头。要不然，怎么两个女人之间的关系会引发张小锦这样大的恼怒！

咨询师的脑海就像一台高速运转的电子计算机，来访者的任何一句谈话，都会在咨询师脑海中引发涟漪。一千种可能性像漂流瓶在波涛中起伏，你不知道哪一只瓶内藏着来访者心中的魔兽。也许你以为是症结所在，穷追不舍，紧紧跟踪，结果不过是一朵七彩泡沫。也许你忽视的只言片语，却潜藏着最重要的破解全局的咒语。这一次，我的方向差了。

我想起了老师的教导：你不能以自己的主观猜测代替事实的真相。你永远不能跑到来访者的前面去，你只能跟随……跟随……还是跟随。

我调整了心态，对张小锦说，你妈妈和女友之间的关系，让你嫉妒。

张小锦不解地重复，嫉妒？我好像没有想到这一点。

我说，以前没想到不要紧，现在开始想也来得及。

张小锦偏着脑袋想了一会儿说，好吧，你说我嫉妒，我承认。人家都说女儿是妈妈的小棉袄，可我妈妈硬是把我当成了破大衣，心里有话都不跟我讲。

我说，你妈妈的心里话是什么呢？

这一次，张小锦反常地沉默了，很久很久。如果我不是一个训练有素的心理师，也许我就睡着了。我等待着张小锦，我知道这些话对她一定非常重要，讲出口又非常困难。

终于啊终于，张小锦说，哼！他们都以为我不知道，他们合伙儿来骗我。我也愿意装出一副傻相，让他们以为我不知道。他们自以为知道一切，其实我在暗里比他们知道得更多！

简直就是一个绕口令！我彻头彻尾被这个有着沙哑嗓音的女生弄糊涂了。我要澄清，在她的词典里，“他们”——是谁？

是我爸爸，我妈妈，还有那个和我爸爸相好的女人。当然，还有我妈妈的闺密……张小锦的话匣子终于打开了。原来，张小锦的爸爸有了外遇，和另外一个女子暧昧，被放学回来的张小锦撞见了。从此，张小锦见了爸爸不理不睬，爸爸反倒对张小锦格外好。张小锦决定不把这件事告诉妈妈，因为那样家就很可能破碎。张小锦知道那些父母离婚的同学基本上都很自卑。张小锦心想，只要妈妈不发现这件事，家庭就能保全。她一次又一次地帮着爸爸遮掩，让妈妈蒙在鼓里。然而，妈妈还是察觉到了某种蛛丝马迹，开始敏感而多疑。张小锦很怕出事，就故意胡闹，分散妈妈的注意力，实在没法子了就生病。无论妈妈多么在意爸爸的一举一动，只要张小锦一发烧，妈妈就把所有的注意力都放到了张小锦身上，无暇他顾，爸爸的危机就化解了。可爸爸不知悔改，变本加厉。张小锦就是再用十八般武艺转移妈妈的注意力，妈妈还是越来越接近真相了。妈妈对自己的好朋友痛哭一场和盘托出。这位闺密是个刚烈女子，疾恶如仇。她不断和妈妈分析爸爸的新动向，号召妈妈奋起抗击。妈妈很痛苦，和闺密无话不谈，最近已经到了商议如何去法院告道德败坏的爸爸，讨论分割财产和张小锦的归属……张小锦用大量的精力偷听她们的谈话，惊恐万分。好比外敌入侵，妈妈的闺密是主战派，张小锦是主和派。张小锦要维护家园，当务之急就是除掉闺密！她走投无路，不知道跟谁商量。跟同学不能说，要维持幸福家庭的假象；跟亲戚不能说，爸爸妈妈都是好面子的人，张小锦不愿亲人们知道家中正在爆发内乱；跟老师也不能说，她害怕老师从此把她归入需要特别关心爱护的群体。百般无奈的张小锦想到了心理医生，就把所有的私房钱都拿出来做了咨询费。

听完了这一切，我把张小锦抱在怀里，她像一只深秋冷雨后的蝴蝶，每一根发丝都在极细微地颤抖。不知道在这具小小的躯体里隐藏了多少苦恼与愤怒！她还是个孩子啊，却肩负起了成人世界的纷争，为了自己的家庭，咽下了多少委屈、辛酸的苦果！

许久后，我说，小锦，设想一个奇迹。假如你妈妈的闺密突然消失了，你们家就能平静吗？

张小锦认真想了一会儿，说，可能会平静几天吧。但我妈妈已经起了疑心，她会穷追到底，我爸爸迟早得露馅。

我说，这么说，闺密并不是事情的症结……

张小锦是个聪明孩子，马上领悟过来，说，事情的根本是我爸妈自己！

我说，你同意我请你的爸爸妈妈到这里来，咱们一同讨论你们家的情况吗？

张小锦害怕地抱着双肩说，他们会离婚吗？

我说，不知道，咱们一块儿努力吧。只是有一条，这一次，你不能装作什么都不知道，你要把你所知道的一切和感受都说出来，包括你对父亲第三者的印象，还有你对闺密的看法。你要表达你对父母的期待和对一个完整的家的爱。

张小锦说，天啊！在爸爸妈妈眼里，我一直是个善解人意的乖乖女，这下子，我岂不是变成了刺探情报两面三刀的小间谍？！不干！不干！

我说，这是否比你失去爸爸妈妈和家庭瓦解更可怕？

张小锦捂着眼睛说，好吧。我知道什么事最可怕。

我们和张小锦的爸爸妈妈取得了联系，他们一同来到咨询室。经过多次的家庭讨论，这其中有很多激战和眼泪，张小锦的爸爸终于决定珍惜家庭，和第三者一刀两断。妈妈也说看在小锦的一番苦心上，给爸爸一个痛改前非的机会。

结束最后一次咨询，张小锦离开的时候悄悄地对我说，现在，我也有了一个闺密，给我出了个好主意。

我说，谁呀？她说，就是你啊！

女孩，请与我同行

那天，说好晚上九点到广播电台，直播一个呼唤真情的节目。都怪我临走时又刷了刷碗，出门比预定时间晚了五分钟。大城市里似乎活动着一条诡谲的规律，假如你晚了半步，就像跌入了黑暗的潜流，步步晚下去，所有的事物都开始和你作对。

我家门口是交通要道，平日打的，易如反掌。但此刻仿佛全北京的人都拥挤在出租汽车上，奔驰而来的汽车没有一辆亮出“空驶”的红灯。时间在焦急的等待中转瞬即逝，我急得头上热气腾腾。

顾不得往日的矜持，我跳到马路中央拦车。可惜每一辆迎面驶来的出租汽车的窗玻璃上都黑压压地涂满了人，任凭我将手臂摇得像风雨中的旗杆，车群还是拐着弯呼啸而过。

我想，也许我站的地方不理想，就向路口逼近，最后简直戳到红绿灯底下了。

现在，是最后的时限了。假如我再搭不上车，直播室里将留下一幅焦灼的空白。我无法设想那边即将到来的慌乱情景，只是疯狂地向每一辆的士招手。

突然，一辆红色的夏利出租车从天而降，稳稳地停在了我的身旁。司机是一个快活的小伙子，他露着一口白牙微笑着问我："您到哪里去？"

我伸手拉开车门，上了车报出地名。猛然一个尖锐的女声撕破了我们的耳鼓："你怎么问她不问我？是我先看到你的，是我先挥手的。这是我拦的车，该我上的……"

我们都愣了，看着这从一旁杀出的女孩。她穿着一身银粉色的连衣裙，夜风吹起裙裾，像套着一柄漂亮而精巧的阳伞。

略一思索，就明白了眼前的事态。女孩刚来到人行道上挥手拦车，车就停了。她以为这是她的功劳。

来不及同她做太多的解释，甚至不想分辨究竟是谁先举起的手（其实很简单，只要问一问司机就真相大白）。我只是想，既然我们在同一方向拦车，大目标就是一致的。于是问她："小姐，您到哪里？"

她不屑于理我，对着司机报出了她的目的地。司机轻松地说："我正不知道怎么回答您呢，这下好了，你俩顺路，您先到，那位女士后到。谁也不耽误……"

我敞着车门对她说："小姐，谁拦的车已经无所谓了，要紧的是我们赶快上路。对不起，我的确有急事，来不及再拦别的车了。既然我的路远，车费就由我来付。小姐，快上车吧，请与我同行。"

美丽的小姐掏出高雅的钱夹，也是娇艳的粉红色，对司机说："钱，我有的是。我从没习惯同别人坐一辆出租车。你请她下去，我多付你钱。"

我突然感到异乎寻常的寒冷，在这春意荡漾的夜晚。

那一瞬，我漠然向隅缄口无言。要是司机撵我下车，我只有乖乖地下去。就是过后义愤填膺地举报车号，司机也完全可以不认账，说他是先看到粉红色小姐后看到的我，这便是死无对证的事。况且按照我待人处世息事宁人的习惯，也绝不会打上门去告谁。

在那个时刻，甚至连广播电台的直播都茫然地离我远去。在人与人之间如此隔膜的今日，温情的呼吁是多么苍白微弱。

我抱着肘，怕冷似的等待着，等待一个陌生人的裁决。

司机对小姐说："我当然愿意多挣点儿钱啦。您忙吗？"

小姐嫣然一笑说："我不忙。就是晚饭后遛遛弯儿。"她很自信地看着司机，对自己的魅力毫不怀疑。

我已经做好了下车的准备，听见司机对小姐说："既然您不忙，那我就先送这位女士了。您再打别的车好吗？"

说着，他发动了引擎，夏利像一颗红色的保龄球，沿着笔直的长安街驶去。

女孩粉红色的身影，像一瓣飘落的樱花，渐渐淡薄。

我很想同司机说点儿什么，可是说什么呢？感谢的话吗？颂扬的话吗？在这车水马龙的都市里，似乎都被霓虹灯的闪烁淹没了。

“像这样的事多吗？”我终于说了。

“什么事？”他转动着方向盘，目视前方。

“就是同一方向行驶的乘客，却不愿搭乘。”

“多。挺多。其实同方向搭乘，既省了钱，又省了油，还省了时间，不消说还减轻了城市的交通污染。可是，有许多人就是不愿搭乘。不过一般人不愿合着坐，不坐就是了。像今天这位小姐，公然用钱来逞强的人，也不多。”司机一边说着，一边灵巧地避让着车流。

我轻轻地叹了一口气，问他也是问自己：“人哪，为什么要这样喜好孤独？”

正巧前面是一盏红灯，司机拨弄着一个用作装饰的金“福”字，平静地说：“因为他们有时间，因为他们有钱。”

绿灯像猫头鹰的眼一般亮了。他一踩油门，车又箭矢般前进。一路上，我们再无交谈。

到达北京人民广播电台，离预定的直播时间还有五分钟。

我急急地把一张整币递给他，甩上车门就往楼里跑，那一道道进直播间的手续颇为费时。

司机在后面喊：“还没找您钱呢！”

我头也不回地说：“不用找了。别在意，那不是奖你的，是我没时间了。如果你不忙，待会儿请打开收音机，会听到我在节目里说起你……”

我不知道司机是不是听到了我的话，更不知道那朵粉红色的樱花，在坐着另一辆出租汽车兜风的时候，听到了我的呼唤没有。

我在说——女孩，请与我同行。

写福字的女孩

春节前的北方集市，热闹得像蜂巢。熙熙攘攘，喧喧嚣嚣，过年的气氛像扑面而来的海浪，把赶集的你浇个透湿。

走到干果市，一堆堆的南瓜子、西瓜子、葵花子，散发着撩人的香气。摊主揪着你的衣袖，非要你尝一把才走。你不买他的瓜子，他不生气。你若是不肯尝尝他的货色，他就很委屈地嘟囔着说：“咋啦？嫌我的瓜子不新鲜吗？新出锅的，吃一颗香你一个跟头！”

你进了炮仗市，空气中弥漫着火药库的味道。红的二踢脚，绿的震天雷，一串串红辣椒似的挂鞭，看着就让你耳边鼓起枪战般的激烈音响。那金箍棒一样粗的“小钢炮”，长长的炮捻儿温顺地垂在一侧，好像一个穿红袄的嘎小子笑嘻嘻地看着你，你不由自主地绕着它走。走得远了，你又忍不住回过头去再看它两眼……

菜市有些萧条。绿色的菜叶被冷风飕得泛出褐黄，或翠得可疑，反射出晶莹的闪光——那是被冻透了。你叹了口气往前来，菜老板说：“真有心买吗？筐里有好的呀，摆在外面的是样品，原装的水灵着呢！”说着从捂着棉絮的箱里掏出一个西红柿，电光石火地朝你一闪，又掖了回去。

那半个西红柿的笑脸，灿烂无比。

你买了菜，又慢慢地向前走。来到了一处较为宽敞的场地。空地上摆了几张桌子，红纸铺台，几位先生挥毫泼墨，正在写对联。四周聚着拿钱求字的人们，人头攒动，却很安静。

这该叫个什么“市”呢？书法市吗？你好奇地站住了。

你发现了她，一个小小的女孩，提着几乎和她胳膊一般长的毛笔，也在为人写字。你不禁为她发愁，这么小的人，就算字写得好，能编出主顾满意的吉祥话吗？

看了一会儿。你笑了。担心真是多余的，她只写一个字——一个大大的酣畅淋漓的“福”字。

按说她的字写得并不是很好，但求她写字的人很多。她有一绝，笔下的“福”字竟是倒着写的。

“福”倒了——“福”到了！这是中国农民世世代代的愿望啊！

她面前有一沓裁好的红纸斗方。两个小瓶，一个装着金粉，一个装着银粉。还有一个巨型砚台，半截墨块。真是个孩子啊，桌上还散乱地扔着几片侧柏叶，一片晶晶烁烁的天然云母。

有主顾来了，她就很老到地问："您是要金福还是银福还是墨福？"

主顾问了价码，做了选择，她就按要求施工。要金银福字的，她就把金银粉用调料稀释了，然后笔走龙蛇，一个倒"福"字一笔呵成，博得一片喝彩。

有的主顾掂量了半天说："我还是要个墨福吧，便宜。"

小姑娘就不再说话，用嘴哈哈砚台里稀薄的冰晶，开始磨墨，还不时地把柏叶和云母丢进去，弄得砚池里泥泞不堪。

墨福写好了，等到收钱的时候，主顾说："少要点儿吧。你的墨是自己磨的，你看那边，用的是'一得阁'的香墨汁。"

小姑娘揉着红彤彤的手指说："我的墨汁里加了树叶，您闻闻是不是有松树味？还加了云母，在太阳底下，福字里能透出金星呢！"

主顾就把红斗方对着太阳看，周围的人也凑上去。墨字在太阳下显出苍翠的金属色泽，主顾就按数放下钱。

一位老奶奶走过来说："闺女，给我写个……小点儿的……"

女孩指着纸说："奶奶，纸都是在家就裁好了的，没小的啊。"

老人扁着嘴说："我就不信你那纸就没个边边角角碎料？做衣服的还有个布头贱卖呢！闺女，再找找吧……"

围着的人说话了:“过年贴福字，有钱就贴，没钱就拉倒。这个福字可没有打折的啊！”

在人们的哄笑声中，老奶奶悄悄地离去。她低着白发苍苍的头说:“我只要一个小小的福……”

女孩默不作声，挥毫饱蘸金粉，龙飞凤舞写下一个金色的倒“福”字，追上老奶奶，说:“我送您一个大大的‘福’……”

你站在北方晴朗而寒冷的天穹下，看着老人双手捧着金色的福字，消失在茫茫的人群中。

又有清新的松柏气味飘荡在你身后，写“福”字的女孩正在撕云母，传来极轻微的破碎声。

请您从老板椅上站起来

我是一名注册心理咨询师。

某次会议期间，聚餐时，一位老板得知我的职业之后，沉默地看了我一眼。依着职业敏感，我感觉到这一眼后面颇有些深意。饭后，大家沿着曲径散步。在一处可以避开他人视线的拐弯处，他走近我，字斟句酌地说：不知您……是否可以……为我做心理咨询？……我最近压力很大，内心充满了焦灼，有好几次，我想从我工作的写字楼的办公室跳下去……我甚至察看了楼下的地面设施，不是怕地面不够坚硬，我死不了……二十二层啊，我是物理系毕业的，我知道地心引力的不可抗拒……我怕的是地面上行人过往太多，我坠落的时候，砸伤他人。也许，深夜时分比较合适？那时行人较少……

他的语速由慢到快，好像一列就要脱轨的火车。脸上布满浓重的迷茫和忧郁。他甚至没有注意到我的神色，包括是否准备答应他的请求。毕竟，这里不是我的诊所，他也不曾预约。

虽是萍水相逢，从这个短暂的开场白里，我也可深刻地感知他正被一场巨大的心理风暴所袭击。

我迟疑了片刻。此处没有合适的工作环境，且我也不是在生活的每时每刻，都以职业角色出现。但他的话，让我深深忧虑和不安。我可以从中确切地嗅到独属于死亡的黑色气息。

是的。我们常常听到人们说到“死”这个词——“累死了”“热死了”“烦死了”，甚至——“高兴死了”“快活死了”“美死了”……死是一个日常生活中的高频词，它通常扮演一个夸张的形容角色，以致很多人在玩笑中轻淡了它本质的冷峻含义。

所以，作为一名心理咨询师，精确地判明当人们在提到死亡这一字眼的时候，心理相应的震动幅度，是一种基本能力。

如果他是一个年轻人，少年不识愁滋味，整天把死挂在嘴边，我会淡然处之。如果她是一名情场失意的女性，伴着号啕痛哭随口而出，我也可以在深表理解的同时，镇定自若。但他是一名中年男性，有着优雅的仪表和整洁的服饰，从他的谈吐中，可以看出他是一个自我指向强烈的人。他不会轻易地暴露自己的内心，一旦他开口了，向一个陌生人呼救，就从一个侧面明确地表明他濒临危机的边缘。

特别是他在谈话中，提到了他的办公室高度的具体数字——二十二层。提到了他的物理学背景，说明他是详尽地考虑了实施死亡的地点和成功的可能性。还有预定的时间——深夜行人稀少……可以说，他的死亡计划已经基本成形，所缺的只是最后的决断和那致命的凌空一跃。

我知道，很有几位叱咤风云、外表踌躇满怀的企业家，在人们毫无思想准备的情形下，断然结束了自己的生命。关于他们的死因，众说纷纭。有些也许成了永远的秘密。但我可以肯定，他们死前一定遭遇到巨大、深刻的心理矛盾，无以化解，这才陷入全面溃乱之中，了断事业，抛弃家人，自戕了无比珍爱的生命。

心理咨询师通常是举重若轻的，但也有看急诊的时候。我以为面前就是这样的关头。当事件危及一个人最宝贵的生命之时，我们没有权利见死不救。

我对他说，好。我特别为你进行一次心理咨询。

他的眼里闪出稀薄的亮光，但是瞬忽之间就熄灭了。

我知道他不一定相信我。心理咨询在中国是新兴的学科，许多人不知道心理咨询师是如何工作的。他们或是觉得神秘，或是本能地排斥。在我们的文化里，如果一个人承认他的心理需要帮助，就是混乱和精神分裂的代名词，是要招人耻笑和非议的。长久以来，人们淡漠自己的精神，不呵护它，不关爱它。假如一个人伤风感冒，发烧拉肚子，他本人和他的家人朋友，或许会很敏感地察觉，有人关切地劝他到医院早些看医生。会督促他按时吃药，会安排他的休息和静养。但是，人们在精心保养自己的外部设施的同时，却往往忽略了心灵——这个我们所有高级活动的首脑机构。从这个意义上说，这位老总是勇敢和明智的。

他说，什么时间开始呢？

我说，待我找一个合适的地点。

他说，心理咨询对谈话地点有什么特殊的要求吗？我说，有。但我们可以因陋就简。最基本的条件是，有一间隔音的不要很大的房间，温暖而洁净；有两把椅子，即可。

他说，我和这家饭店的老板有交往，房间的事，我来准备吧。等我安排好了，和您联系。

我答应了。后来我发现这是一个小小的疏漏。以后，凡有此类安排，我都不再假手他人，而是事必躬亲。

看来他很着急，不长时间之后，就找到我，说已然做好准备。我随同他走到一栋办公楼，在某间房门口停下脚步。他掏出钥匙，打开房间，走了进去。我跟在他身后进屋。

房子不大，静谧雅致，有一张如航空母舰般巨大的写字台，一把黑色的真皮老板椅，给人威风凛凛的感觉。幸而靠墙处，有一对矮矮的皮沙发，宽软蓬松，柔化了屋内的严谨气氛。怎么样？还好吧？老总的语句虽说是问话，但结尾上扬的语调，说明他已认定自己的准备工作应属优良等级。不待我回答，他就走到老板椅跟前，一屁股坐了下去。在落座的同时，用手点了一下沙发，说，您也请坐，沙发舒服些。我坐这种椅子惯了。

我站在地中央，未按他的指示行动。

我重新环视了一下四周，对他说，房间的隔音效果看来还不错，可惜稍微大了一些。

他有些失望地说，这已是宾馆最小的房间了。再小就是清洁工放杂物的地方了。

我点点头说，看来只有在这里了，希望你不要在意。

他吃惊地说，我为什么会在意？只要您不在意就成了。

我说，关键是你啊。小的隔音的房间，给人的安全感要胜过大的房间。对于一个准备倾诉自己最痛苦最焦虑的思绪的人来说，环境的安全和对咨询师的信任，是重要的前提啊。

他若有所思地沉默着。半晌，猛然悟到我还站着，连连说：我信任您，我不信任您就不会主动找您了，是不是？您为什么还不坐下？

我笑笑说，不但我不能坐下，而且，先生，请您也从老板椅上站起来。

为什么？他的莫名其妙当中，几乎有些恼怒了。我相信，在他成功的老板生涯中，恐怕还没有人这样要求过他。

他稍微愣怔了片刻。看得出，他是一个智商很高、反应机敏的人，似乎意识到了什么，说道，您的意思，是不是我坐在这把椅子上，您坐在沙发上，咱们之间的距离太远，不利于您的工作？若是这个原因，我可以坐到沙发上去。

我依旧笑着说，这是其中的一个原因，但不是最主要的原因。我要说的是——沙发也不可以坐。不但你不能坐，我也不能坐。

这一回，他陷入真正的困惑之中，喃喃地说，这也不让坐，那也不让坐，咱们坐在哪里呢？

是啊。这间房屋里，除了老板椅和沙发，再没有可坐的地方了。除非把窗台上的花盆倒扣过来。

我说，很抱歉，这不是你的过错。我作为治疗师，应该早到这间房子来，做点准备。现在，由我来操办吧。

我把老总留在房间，找到楼下的服务人员，对他们说，我需要两把普通的木椅子。

他们很愿意配合我，但是为难地说，我们这里给客人预备的都是沙发软椅，只有工作人员自己用的才是旧木椅。

我看看他身后油漆剥落的椅子说，是这种吗？

他们说，是。

我说，这就很适用。先帮我找两把这种椅子，搬到那间房子。然后，还要麻烦你们，把那间房子里的老板台和老板椅搬出去。

工作人员很快按照我的要求行动起来。在大家出出进进忙碌的过程中，老总一直双手交叉抱在胸前。我明白这一体态语言的含义是——“我弄不懂您的意思。我不喜欢这样折腾。有这个必要吗？”

我暂不理他。待一切收拾妥当，我伸手邀请他说，您请坐吧。

现在，屋内只有两张木椅，呈四十五度角摆放着，简洁而单纯。

我坐在哪里？他挑战似的询问。

哪张椅子都可以。因为，这两张椅子是一模一样的。我回答。

他坐下，我也坐下。

……

当心理咨询过程结束的时候，他脸上浮现出了微笑。他说，谢谢您。我感觉比以前多了一点力量。

我说，好啊。祝贺你。力量也似泉水，会慢慢积聚起来，直至成为永不干涸的深潭。

分手的时候，他说，如果不是你们的职业秘密的话，我想知道您为什么让我从老板椅上站起来？难道那两张普通的木椅子，有什么特殊的魔力吗？

我说，这不是职业秘密，当然可以奉告。如果我估计得不错的话，在你的办公室里，一定有类似的老板椅。一坐在上面，你就进入了习惯的角色之中。我坐在沙发上，在视线上比你矮。我想，通常到你的办公室请示的下级或是商议事情的其他人员，也是坐在这个位置的。这种习惯性的坐姿，是一个模式，也透露着你是主人的强烈信息。心理咨询师和来访者的关系，不同于你以前所享有的任何关系。我们不是上下级，也不是买卖和利害的伙伴，甚至不是朋友，朋友是一个鱼龙混杂的体系。我们之间所建立的相互平等的关系，是崭新而真诚的，它本身就具有强大的疗效。我会为你所有的谈话严守秘密，上不告父母，下不告妻儿。当然，对于一位女咨询师来说，就是不告夫儿了，这是一个专业咨询师最基本的职业道德。其中的每一个细节都要服从这一大局。

他点点头，表示相信我的承诺。若有所思片刻后他又说，沙发也是很平等的啊！一般高，不偏不向嘛！我曾提议咱们都坐沙发，可您拒绝了。沙发要比椅子舒服得多。说实话，我很多年没有坐过这般粗糙的木椅了。说完，他捶了捶腰背。

我说，你说得很对。沙发的确太舒服了，而我们不能在太舒服的环境下谈话，那样无法维持我们神经系统的警醒和思维的深度。沙发更适宜养神，从思考的角度说，木椅比沙发更有力度。

他再次点点头，说，这的确是一个新的领域，连规矩也很特别。当我下次再进入心理咨询室的时候，就会比较有经验了。

我说，下星期，我们再见。

额头与额头相贴

如今，家家都有体温表。苗条的玻璃小棒，头顶银亮的铠甲，肚子里藏一根闪烁的黑线，只在特定的角度瞬忽一闪。捻动它的时候，仿佛打开裹着幽灵的咒纸，病了或者没病，高烧还是低烧，就在焦灼的眼神中现出答案。

小时家中有一支精致的体温表，银头，好似一粒扁杏仁。它装在一支粗糙的黑色钢笔套里。我看过一部反特小说，说情报就是藏在没有尖儿的钢笔里，那个套就更有几分神秘。

妈妈把体温表收藏在我家最小的抽屉——缝纫机的抽屉里。妈妈平日上班极忙，很少有工夫动针线，那里就是家中最稳妥的所在。

七八岁的我，对天地万物都好奇得恨不能放到嘴里尝一尝。我跳皮筋回来，经过镜子，偶然看到我的脸红得像在炉膛里烧好可以夹到冷炉子里去引火的炭。我想，我一定发烧了，觉得自己的脸可以把一盆冷水烧开，我决定给自己测量一下体温。

我拧开黑色笔套，体温表像定时炸弹一样安静。我很利索地把它夹在腋下，冰冷如蛇的凉意从腋下直抵肋骨。我耐心地等待了五分钟，这是妈妈惯常守候的时间。

终于到了。我小心翼翼地拿出来，像妈妈一样眯起双眼把它对着太阳晃动。

我什么也没看到，体温表如同一条宁澈的小溪，鱼呀虾呀一概没有。

我百般不解，难道我已成了冷血动物，体温表根本不屑于告诉我了吗？

对啦！妈妈每次给我夹表前，都要把表狠狠甩几下，仿佛上面沾满了水珠。一定是我忘了这一关键操作，体温表才表示缄默。

我拈起体温表，全力甩去。我听到背后发出犹如檐下冰凌折断般的清脆响声。回头一看，体温表的“扁杏仁”裂成了无数亮白珠子，在地面轻盈地溅动……

罪魁是缝纫机板锐利的折角。

怎么办呀？

妈妈非常珍爱这支温度表，不是因为贵重，而是因为稀少。那时候，水银似乎是军用品，极少用于寻常百姓，体温表就成为一种奢侈。楼上楼下的邻居都来借用这支表，每个人拿走它时都说：“请放心，绝不会打碎。”

现在，它碎了，碎尸万段。我知道，任何修复它的可能都是痴心妄想。

我望着窗棂发呆，看着它们由灼亮的柏油样棕色转为暗淡的树根样棕黑色。

我祈祷自己发烧，高高地烧。我知道，妈妈对得病的孩子格外怜爱，我宁愿用自身的痛苦赎回罪孽。

妈妈回来了。

我默不作声。我把那只空钢笔套摆在最显眼的地方，希望妈妈主动发现它。我坚持认为被别人察觉错误比自报家门要少些恐怖，表示我愿意接受任何惩罚，而不是凭自首减轻责任。

妈妈忙着做饭。我的心越发沉重，仿佛装满水银（我已经知道水银很沉重，丢失了水银头的体温表轻飘得像支秃笔）。

实在等待不下去了，我就飞快地走到妈妈跟前，大声说：“我把体温表打碎了！”

每当我遇到害怕的事情，我就迎头跑过去，好像迫不及待的样子。

妈妈把我狠狠地打了一顿。

那支体温表消失了，它在我的感情里留下一个黑洞。潜意识里我恨我的母亲——她对我太不宽容！谁还没失手打碎过东西？我亲眼看见她打碎了一只很美丽的碗，随手把两片碗碴儿一摞，丢到垃圾堆里完事。

大人和小人，是如此不平等啊！

不久，我病了。我像被人塞到老太太裹着白棉被的冰棍箱里，从骨头缝里往外散发寒气。“妈妈，我冷。”我说。

“你可能发烧了。”妈妈说，伸手去拉缝纫机的小屉，但手臂随即僵在半空。

妈妈用手抚摸我的头。她的手很凉，指甲周旁有几根小毛刺，把我的额头刮得很痛。

“我刚回来，手太凉，不知你究竟烧得怎样，要不要赶快去医院……”妈妈拼命搓着手指。

妈妈俯下身，用她的唇来吻我的额头，以试探我的温度。

母亲是严厉的人。从我有记忆以来，从未吻过我们。这一次，因为我的过失，她吻了我。那一刻，我心中充满感动。

妈妈的口唇有一种菊花的味道，那时她患很严重的贫血，一直在吃中药。她的唇很干热，像外壳坚硬内瓤却很柔软的果子。

可是，妈妈还是无法断定我的热度。她扶住我的头，轻轻地把她的额头与我的额头相贴。她的每一只眼睛看定我的每一只眼睛，因为距离太近，我看不到她的脸庞全部，只感到一片灼热的苍白。她的额头像碾子似的滚过，用每一寸肌肤感受我的温度，自言自语：“这么烫，可别抽风……”

我终于知道了我的错误的严重性。

后来，弟弟妹妹也有过类似的情形。我默然不语，妈妈也不再提起，但体温表像树一样栽在心中。

终于，我看到了许多许多支体温表。那一瞬，我的脸上肯定灌满了贪婪。

我当了卫生兵，每天须给病人查体温。体温表插在盛满消毒液的盘子里，好像一位老人生日蛋糕上的银蜡烛。

多想拿走一支还给妈妈呀！可医院的体温表虽多，管理也很严格。纵使打碎了，原价赔偿，也得将那破损的尸骸附上，方予补发。我每天对着成堆的体温表处心积虑、摩拳擦掌，就是无法搞到一支。

后来，我做了化验员，离体温表更遥远了。一天，部队军马所来求援，说军马们得了莫名其妙的怪症，他们的化验员恰好不在，希望人医们伸出友谊之手。老化验员对我说：“你去吧！都是高原上的性命，不容易。人兽同理。”

一匹砂红色的军马立在四根木桩内，马耳像竹笋般立着，双眼皮的大眼睛贮满泪水，好像随时会跪倒。我以为要从毛茸茸的马耳朵上抽血，战战兢兢地不敢上前。

兽医们从马的静脉里抽出暗紫色的血。我认真检验，周到地写出报告。

我至今不知道那些马得的是什么病，只知道我的化验结果起了至关重要的作用。

兽医们很感激，说要送我两筒水果罐头作为酬劳。在维生素匮乏的高原，这不啻一粒金瓜子。我再三推辞，他们再四坚持。想起“人兽同理”，我说:“那就送我一支体温表吧！”

他们慨然允诺。

春草绿的塑料外壳，粗大若小手电。玻璃棒如同一根透明铅笔，所有的刻码都是洋红色的，极为清晰。

“准吗？”我问。毕竟这是兽用品。

“很准。”他们肯定地告诉我。

我珍爱地用手绢包起。本来想钉只小木匣，立时寄给妈妈，又恐关山重重、雪路迢迢，在路上震断，毁了我的苦心，于是耐着性子等到了一个士兵的第一次休假。

“妈妈，你看！”我高擎着那支体温表，好像它是透明的火炬。

那一刻，我还了一个愿。它像一只苍鹰，在我心中盘桓了十几年。

妈妈仔细端详着体温表说:“这上面的最高刻度可测到 46 摄氏度，要是人，恐怕早就不行了。”

我说:“只要准就行了呗！”

妈妈说:“有了它总比没有好。只是，现在不很需要了，因为你们都已长大了……”

带白蘑菇回家

妈妈爱吃蘑菇。

到青海出差，在幽蓝的天穹与黛绿的草原之间，见到点点闪烁的白星。

那不是星星，是草原上的白蘑菇。

路旁有三三两两的藏胞，坐在五颜六色的口袋中间，仰着褐色的面庞，向经过的汽车微笑。袋子口，颤巍巍地露出花蕾般的白蘑菇。

从鸟岛返回的途中，我买了一袋白蘑菇，预备两天后坐火车带回北京。

回到宾馆，铺下一张报纸，将蘑菇一柄柄小伞朝天，摆在地毯上，一如它们生长在草原时的模样。

服务员进来整理卫生，细细的眉头皱了起来。我忙说："我要把它们带回去送给妈妈。"服务员就暖暖地笑了，说："您必须把蘑菇翻个身，让菌根朝上，不然蘑菇会烂的。草原上的白蘑菇最难保存。”

听了服务员的话，我就让白蘑菇趴在地上，好像晒太阳的小胖孩儿，温润而圆滑地裸露在空气中。

上火车的日子到了。服务员帮我找来一只小纸箱，用剪刀戳了许多梅花形的小洞，把白蘑菇妥妥地安放进去。原先的报纸上印了一排排圆环，好像淡淡的墨色的图章。我吓了一跳，说：“是不是白蘑菇腐坏了？”服务员说：“别怕。新鲜的白蘑菇的汁液就是黑的。”

进了卧铺车厢，我小心翼翼地把纸箱塞在床下。对面一位青海大汉说：“箱子上捅了这么多洞，想必带的是活物了。小鸡？小鸭？怎么听不见叫？天气太热，可别憋死了。”

我说：“带的是草原上的白蘑菇，送给妈妈。”

他轻轻地重复：“哦，妈妈……”好像这个词语对他已十分陌生。半晌后才接着说：“只是你这样的带法，到不了兰州，蘑菇就得烂成污水。”

我大惊失色说：“那可怎么办？”

他说：“你在卧铺下面铺开几张纸，把蘑菇晾开，保持它的通风。”

我依法处置，摆了一床底的蘑菇。每日数次拨弄，好像育秧的老农。蘑菇们平安地穿兰州，越宝鸡，抵西安，直逼郑州……不料中原一带，酷热无比，车厢内郁闷如桑拿浴池，令人窒息。青海大汉不放心地蹲下检查，突然叫道：“快想办法！蘑菇表面已生出白膜，再捂下去就不能吃了！”

在蒸笼般的火车里，还有什么办法可想？我束手无策。

大汉二话不说，把我的白蘑菇重新装进浑身是洞的纸箱。我说：“这不是更糟了？”他并不解释，三下五除二，把卧铺小茶几上的水杯、食品拢成一堆，对周围的人说：“烦请各位把自家的东西，拿到别处去放。腾出这张小桌，来放小箱子。箱子里装的是咱青海湖的白蘑菇，她要带回北京给妈妈。我们把窗户开大，让风不停地灌进箱子，蘑菇就坏不了啦。大家帮帮忙，我们都有妈妈。”

人们无声地把面包、咸鸭蛋和可乐瓶子端开，为我腾出一方洁净的桌面。

风呼啸着。郑州的风、安阳的风、石家庄的风……接连不断，穿箱而过，白蘑菇黑色的血液渐渐被蒸发了，烘成干燥的标本。

青海大汉坐在窗口迎风的一面，疾风把他的头发卷得乱如蒿草，无数灰屑敷在他铁糖色的脸上，犹如漫天抛撒的芝麻。若不是为了这一箱蘑菇，玻璃窗原不必开得这样大。我几次歉意地说同他换换位子，他却一摆手说：“草原上的风比这还大。”

终于，北京到了。我拎起蘑菇箱子同车友们告别，对大家说："我代表自己和妈妈谢谢你们！"

大家说："你快回家去看妈妈吧。"

由于路上蒸发了水分，白蘑菇比以前轻了许多。我走得很快，就要出站台的时候，青海大汉追上我，说："有一件很要紧的事，忘了同你交代——白蘑菇炖鸡最鲜。"

妈妈喝着鸡汤说："青海的白蘑菇味道真好！"

午夜的声音

把朋友们的姓名写在一张纸上，嗬，好长！细一检点，几乎全是女性。

交女友比交男友随意与安宁。男友跟你谈的多是国家、命运和历史，沉重而悠长。

于是，累。

还有那条看不见的战线，总在心的角落时松时紧，好像在弹一首喑哑的歌。先是要提醒对方，后是要提醒自己：不要在懵懵懂懂之中误越了界限。总有那种邻近模糊的时刻，便要在心中与他挥泪而别。

与女友相处，真是轻松得多、惬意得多。与女友聊天，像在温暖清澈的水中游了一次泳，清爽润滑，百骸俱松，灵魂仿佛被丝绸擦拭一新，又可以闪闪发光地面对生活了。

可惜世界太大，女友们要聚到一起太不容易。你有空时她没空，她得闲时你无闲。还有先生的事、孩子的事，像杂乱的水草缠住脚踝。大家相逢在一处，像九星连珠似的，时间要算计了又算计。

于是，女人们发明了电话聊天。忧郁的时候，寂寞的时候，悲哀的时候，烦躁的时候……电话像七仙女下凡时的难香，点燃起来，七八个号码拨完，女友的声音，就像施了魔法的精灵，飘然来到。

一位女友正在离婚，她在电话的那一端向我陈述，好像一只哀伤的蜜蜂。我静静地倾听，犹如一个专心的小学生。虽然时间对我来说极其宝贵，虽然我只听开头就猜出结尾，虽然夜已深沉，虽然心中焦虑，我依旧全神贯注地倾听，在她片刻的停顿时，穿插进亲昵的嗯或呵……我很希望自己能创造出杰出的话语，像神奇的止血粉撒布在朋友滴血的创口，那伤处便像马缨花的叶子一般静谧闭合……但我知道我不能。我能送给朋友的就是静静地倾听，所有的语言都苍白无力，沉默本身就是理解和友谊。

有时，铃声会在夜半突然响起，潜入我的梦中。夫比我灵醒，总是他先抓起电话，然后对我说：“你的那群狐朋狗友又来啦！”

“你是毕淑敏吗？有件事情我想求你……”声音大得震耳欲聋，使我疑心她就在楼下的公用电话亭。

其实她在城市的另一隅，女大当婚，却至今单身。她总是像潜艇一样突然浮出海面，之后又长时间地不知踪影。然而我知道她在人群中潇洒地活着，当她需要朋友的时候，就会不择时机地叩响我的耳鼓。

“有什么事你尽管说……”我一边披衣一边用眼光搜索鞋子，好像准备去救火。

“别那么紧张。”她轻快地笑了，“我只是想求你帮我写几个信封……”她说着，详详细细、清清晰晰交代给我一个男人的地址和姓名。

“因为这样一件事，就值得把我从温暖的被窝里薅出来吗？”我睡眼惺忪地问。

“这就是我的那个他呀！我每天要给他写一封信，传达室的老头都认识我的字迹啦！我想换种笔体，这样他取信时就不会难为情啦！”

哦！我的女友！我对着黑漆漆的玻璃窗做了一个鬼脸：为了她的男友，她可不怕叨扰自己的女友！

我也会在某个刹那下意识地抚摸电话键，好像触及一串润滑的珍珠。“你好。”我对一位女友说。“你好。”她说，“有什么事吗？”她清清凌凌地问，一点儿也不惊讶，好像预知我在这个时刻会找她。“没什么事，只是，想找人说说话……你们那里下雨了吗？”我沉吟着，继续组织着自己语言的阶梯。“下了，雨不小也不大。”她平静地回答。“我很想到雨里去行走，很喜欢在坏天气的时候，到湖里去划船……”我突然很急切地对她说。“嗯，你此时心情不好。”她说，“我们每个人都有这种时候，忍一忍就会过去。不要紧，做饭去吧，择菜去吧，看一本喜爱的书……要不然就真到风雨中去走走吧，不过，可要穿起风衣，撑起雨伞，最起码也需戴上斗笠……”我的心在这柔柔的劝慰之下，终于像黄昏的鸽群，盘旋之后，悄然落下。

每一位女友，都是一幅清丽的画。每一次谈话，都是一盏温馨的茶。我们互相凝眸，我们互相温暖，岁月便在女人们的谈话中慢慢向前推进。

你永不要说

二十年前，我在西部边陲的某部队留守处当军医，主要给随军家属看病。婆姨们的男人都在昆仑山上戍边，家里母子平安，前方的将士就英勇。我的工作很重要。

家眷都是从天南地北会聚来的。原来在农村，地广人稀，空气新鲜，不易患病。现在像羊群似的赶在一起，加之西北干燥寒冷，病人不断，忙得我不亦乐乎。

我的助手是卫生员小鲁，一个四川籍的小个子兵，长得没什么特色，只是一对眼睛又黑又亮，叽里咕噜地转，像蜜炼的中药丸。正是“文革”期间，他没接受过正规培训，连劳动带扔手榴弹加在一起，算上了几个月的卫生员训练班。不过心灵手巧，打针、换药、针灸都在行。每天围着我问这问那，总说学好了本领，回家给他奶奶瞧病去。他奶奶有很严重的气管炎，喘得像堵了一半的烟筒。

一天他对我说，毕医生，我想买点青霉素给我奶奶治病。

我给他开了处方，他买了药寄回去。过了些日子，他说奶奶的病比以前好多了，我们都为他高兴。可是青霉素用完了，想再买些。我又给他开了处方，这次他没拿到药。领导说药不多了，工作人员不能老自己买，得留给病人用。

边防站乔站长的独生子小旗病了。我开了青霉素打针，那剂量对一个五岁的孩子来说，足够大的。我向来崇尚毛主席老人家说的集中优势兵力打歼灭战的计策，用地毯式轰炸。

连续打了四天针，孩子的病势丝毫不见轻。我很纳闷，这种怪症最近不断出现，用药像泼凉水一样。好像是一种极耐药的病菌侵袭了孩子。

有人说，这医生的医术不高。这么年轻，自己没生过孩子，哪里会给孩子瞧病？

我说，我还没上过战场呢，可我治好过枪伤。

人们不再说什么，但孩子的病日渐沉重。我只有查书，把厚厚的书页翻得如同柳絮飞花，怕自己贻误了小小的生命。

终于有一天，小旗的妈妈怯生生地问我，您给我儿开的药，是一瓶还是半瓶？

我说，是一瓶啊。

她有些迟疑地说，那小鲁给我家小旗每次打的都是半瓶。

我的心嗖地紧缩成一团，像腊月天里一个冻硬了的馒头。这个小鲁！一定是他克扣了病人的药品，把青霉素私存起来，预备寄回家。

小鲁呀小鲁，这不是儿戏，人命关天！

我该怎么办？

当下顶要紧的是赶快给小旗补上一针。

之后我想了许久。

报告领导吗，小鲁从此就毁了。贪污病人的药品，就是贪污病人的生命。置之不理，更不行。要是让病人家属知道了，要是病人因此有个三长两短，非得有人找他拼命。

我把小鲁叫出来，对他说，小旗的病若是治不好，会转成肾炎、关节炎、心脏病……

他惊愕地瞪圆眼睛，说真有这么严重？没有人给我们讲过这些，训练班里就讲过打针的时候要慢慢推药，病人不疼。

我说，我知道你惦记你的奶奶，可你知道每一个病人都有亲人。你的心里除了装着你的奶奶，也要给别人留个地方……

我说，你不要以为打针不过是把一些水推到肉里，就像盐进了大海，谁也看不见。不是的，科学是谁也蒙骗不了的，用了什么药该出现什么疗效，那是一定的。假如出了意外，那可就是出了医院进法院……

他的脸变得像包中药丸的蜡壳一样白。

“毕医生，我……我……”他说。

我赶快堵住他的嘴，就像黄继光堵枪眼一样果断。哦，别说。什么也别说。世界上有些事情，记住，永不要说。

你不说，就没有任何人知道。

你不知道我不知道，我们永远都不需要知道。不要把错误想得那么分明。不要去讨论那个过程，把它像标本一样在记忆中固定。有些事情不值得总结，忘记它的最好方法就是绝不回头。也许那事情很严重，但最大的改正是永不重复。

小鲁的眼泪流下来。我不怕眼泪，我怕他说话。还好，他很聪明，听懂了我的话，什么也没有说。

我长长地吁了一口气。

后来，小旗的病很快好了，留守处再也没有出现过用药不灵的怪症。

再后来，小鲁因为工作认真负责，对病人春风般温暖，被送到军医大学学习，成了一名很优秀的医生。

只是不知他奶奶的病好了没有。有这么孝顺的孙子，该是好了的。

珊妮兵团

芝加哥一处僻静的街道，除了凛冽寒风的脚步，看不到一个人。找到 1504 号门牌的时候，一股烈风吹过，呛得我差点摔个跟头。今天要拜访的是“珊妮兵团”。

单从字面上，完全想象不出这是一个怎样的机构。加上它的大名——芝加哥宠物治疗中心，残缺的想象力才有了一点方向，然而，显然是更困难了。注意啊！不是治疗宠物，而是宠物治疗。我穿过 20 年医生的白大衣，实在难以想象在医生束手无策的地方，那些被人类豢养的动物能有什么高招儿。

说实话，我不是一个很喜欢动物的人。不是因为我吝啬自己的感情，正相反，因为害怕感情的流离失所。想想看吧，大概除了乌龟，所有我们日常亲近的动物，比如鸡鸭鹅兔、猫狗驴马……寿数都比人类要短。如果与之建立起了深厚的感情，那它骤然离去的时刻，会遗下怎样的凄楚！罢，罢！索性将情感的半径缩如毛衣针般短小，相对应的痛苦也会有限。

1504号的楼梯窄得如同天梯，侧着身子上到顶层，一扇普通民居的门。我们敲门，然后等待。几乎怀疑自己走错了地方的那一刹那，门开了。在我没看到任何一个人的时候，四股旋风，分别为棕色、灰色、白色、黑色，无声地扑到我身上……吓得我脖根往后一仰，险些晕了过去。

那是四只狗。被四只大小不同的狗活蹦乱跳地围着身体的感觉，极为奇特。它们闭着嘴，用鼻孔热情地喷着气体，眼神温驯而友好。皮毛摩擦着你的肌肤，好像若干件羽绒背心被挑开了尼龙面子，绒毛满天飞舞，轻暖而撩人。不，不仅仅是暖和轻，更重要的是这些绒毛充满了生命力，不停地变换着方向簌簌流动着，拂过你的全身，仿佛一把奇妙的丝绒刷子，从你的发梢抹到脚踝，直至把你包裹成一根巨大的羽毛……

这是惊恐之中的享受，令人在汗毛竖起的同时想入非非。

当我惊魂稍定，才在众多的狗脸之后看到了一张和善的人脸——艾米女士，这家中心的负责人。

艾米把四只狗呼唤到一旁，然后对我说，我们特别设计了这样的欢迎仪式，希望没有吓着你。因为只有它们才是我们这里的主角，它们是只吃饼干不拿薪水的治疗师。

我抚着胸脯说，吓倒是没吓着，只是，它们从不咬人吗？真正的医生都有出意外的时候，这些狗，会不会哪天脾气不好，伤害了病人？谁都有万一，对不对？

艾米女士叹了一口气说，你说得对。在我们人类的社会里，的确是这样的，会有万一。但据我所知，在狗的世界里，发生这种机会的概率要远远小于人类，我不敢说绝无仅有，但我从来没有见过。狗永远是积极的。你见到人类背叛狗，在某些人那里，还吃狗肉。但是，你见过一条主人的爱犬背叛过主人吗？你见过在没有食物的时候，狗把主人吃了吗？没有，从来没有过啊。我们这些治疗犬里，从来就没有出现过对病人的伤害。有的，只是人对它们的伤害。

我心中尖锐地疼了一下，我相信艾米女士说的一定是真的。我还需要了解得更详尽一点。

艾米女士说，我们这个中心，成立了 11 年。我们现在有 200 多条治疗犬，也就是说，有 200 多位犬医生。我们的治疗犬到监狱里面为犯人治病，结果那些罪犯用烟头烫伤了治疗犬。即使在这种情况下，治疗犬也没有给那些人以任何回击，它们只是伤心地离开了……

我愤愤不平地说，为什么要让治疗犬到监狱里去？

艾米女士说，伤害治疗犬的犯人只是极个别的现象，绝大多数犯人对治疗犬都很友善，效果很好。甚至可以说，在某种程度上，治疗犬起的作用比医生还大。

这我就有些不以为然了。看得出，艾米非常热爱动物，但是也不能把动物夸大到比人更加能干的地步啊！

可能是我的表情出卖了我内心的某些活动，也许是艾米常年同犬打交道，神经和感知异常灵敏，总之，她以下的话似乎是针对我的念头而来。

犯人犯罪的原因有很多很多，但其中最根本的原因是丧失了对人的信任。教育他们今后不犯罪的办法也有很多，但最根本的是要他们恢复对人的信任，让他们内心深处的良知苏醒过来。也许人的语言难以抵达的地方，治疗犬可以达到。是的，它们不会说话，可是它们有对人一往情深的信任，它们单纯而友善，执着而可爱。在监狱里的那些人，几乎已经忘记了被另一个个体信任的感觉，但是，在治疗犬这里，他们突然得到了。信任给予人的动力是非常巨大的。治疗犬让一些作恶多端的人流泪，让他们重新思索自己的人生。

我听得感动，说，训练这样打不还手骂不还口的治疗犬，是不是非常困难？

艾米说，是很困难。只有很少的一些犬具备优良的治疗犬的素质，选择这样的犬，再进行严格的训练，最后参加特别的考试，然后才有进行治疗的资格。

我说，这么难啊？

艾米说，是啊。

我说，都有什么试题啊？你不要怀疑我知道了会透题，我在万里之外，一定会保密的。

艾米说，比如说，在考试中，有一个题目，要求治疗犬连续地舔人的手掌达若干时间，很多犬就难以通过。有一些犬是可以训练出来的，有一些犬是无法训练出来的。只有那些最友善、最耐心并且喜欢交往的犬，才能过关。

我心里替那些犬大抱屈。当然了，犬是经常舔主人的手掌，但那是它在表达自己的情感。若是要求它对一个不认识的人反复做这样的动作，就像要求一个小伙子对一个陌生的老大娘不停地说：我爱你爱你爱你……真够受罪的。

艾米说，你一定想问，为什么要这样呢？

我连连点头。

艾米说，治疗犬对偏瘫后遗症和老年性痴呆的治疗效果很好。其中很重要的一个治疗方案就是治疗犬用舌头抚摸老年人的手指。人的手指上有很多神经末梢，这种抚摸对人的神经的恢复非常有帮助。若是一只耐性不良的治疗犬，干着干着就烦了，摇摇尾巴自己跑了，那怎么行？治疗常常是很枯燥的，一只好的治疗犬深深地懂得这一点。它们执行治疗任务的时候，非常敬业，极为投入。治疗完成了，犬也累坏了。有时，两个小时的治疗之后，治疗犬要深睡一天。

我说，艾米女士，您本人一定是训练治疗犬的行家了。

艾米女士说，惭愧得很，我训练的一只治疗犬，刚刚在考试中被刷下来了。

我说，为什么呀？

艾米女士说，它的注意力不够集中。有一条是考验治疗犬的耐心，要它们端坐若干时间。当还有一分钟就要结束考验的时候，考官突然放出一只猫从犬的面前飞跑而过。我的那只考试犬没能经受住考验，它看了猫一眼，浑身就不自在起来，坚持了若干秒，最后还是一跃而起，追那只猫去了，结果前功尽弃。

艾米女士说得很伤心，那情形像极了孩子勤奋苦读之后却未能金榜题名的失意母亲。

艾米女士说，芝加哥的很多家医院都同她联系，请治疗犬到病房里施治，治疗犬供不应求，计划已经安排到了两个月之后。前些日子，韩国的一家医院也请艾米女士带着治疗犬到他们那里现场操作。美国联合航空公司特地批准了这些治疗犬免费飞越重洋。只有最优秀的犬，才能得到这份殊荣。任务特殊，也有些艰巨。比如有一个科目，是让病人训练犬学会打篮球。治疗犬就要乖乖地跟随着病人的脚步，做这个训练。开始的时候，它们一窍不通，然后在病人的训练中逐渐进步，最后成功地掌握这个动作。这个训练，会让病人感受到成功，并且不厌其烦，学会交流和合作。

我说，这很有趣啊。

艾米女士说，若是我告诉你，我们的治疗犬早就掌握了打篮球的动作。但是它们要做出一无所知的样子，然后慢慢地进步，你觉得怎样？

我说，这是人都难以完成的作业。

艾米说，优秀的治疗犬能够成功地做到这一点。它们懂得循序渐进，懂得让训练者有成就感。狗非常忠诚，它是把人当成它的头狗来效忠的。

告别的时候，艾米女士和治疗犬一道欢送我。我一一抱起治疗犬，表达一名人医生对四位犬医生的敬意和谢意。我问艾米女士，哪一位是珊妮？

我想，那只威武高大的母犬应该是珊妮了，好像含威不露的资深女医生。

没想到，艾米说它的名字叫采茜。至于珊妮，是这里最好的治疗犬，所以整个队伍以它的名字命名，叫作珊妮兵团。不巧的是，珊妮今天出诊去了，到病人家里做治疗，很晚才会回来。

无缘见到这支部队的总司令，甚为遗憾啊！当沿着陡峭的楼梯走下，我故意把脚步放慢，期待着，也许正赶上珊妮出诊归来呢。

斯特朗的地毯鞋

这是一家老年人活动站，在新奥尔良。新奥尔良是个美丽的地方，古老的橡树像虬蚺的幽灵。活动站在郊外，周围是贫民区。这是黑人聚居的地方，以前黑人是不能进城的。一栋简陋的楼房，早先是黑人的旅馆。石头砌成的墙，有一种沉稳的结实。进得门来，看到的都是白发苍苍的头颅，不论头发下的面孔是何种颜色，头发都是白而暗的。人的头发真是很奇怪，不管它们年轻的时候是黑的、棕的、黄的……到了尾声，一律都变垩白。我问安妮，白色的头发老了，会是怎样？安妮说，它们依旧是白色，但无光泽。

看来，亮度比颜色更能说明一个生命的状况。

很多老人在这里活动，有的打牌，有的下棋，还有三三两两地谈天健身。一些人聚在一起，听一个女孩儿讲解台风的知识。听众多是一些老女人，耳力不佳，女孩儿不得不扯着嗓子反复重复。这么大分贝的音量，要在其他场合，一定会引起他人的侧目，但在这里，大家见怪不怪。

老女人们对台风的兴趣让我感动。我不知自己到了这个年纪，还会不会对在远方出没的台风抱有如此新鲜的兴趣。我原来以为，只有上班和旅游出差的人，才会对天气的变化充满了关切，那背后是不要迟到、不要受凉、不要忘了带雨伞……的忧虑。

在这些垂垂老矣的妇人面前，我觉察到了自己对天气的功利。她们不会上班，不会出差，说一句不好听的话，其中的绝大部分人，今生今世再也没有力气走出新奥尔良的橡树树荫了。可她们依旧睁大混浊的眼睛，努力分辨台风经过的途径，痴心地关注着和自己毫不相干的天气，这也许就是人和自然相濡以沫的渊源。

有一棵树，一棵假树，工艺树，做得很逼真，赭的树干，绿的枝条，大约有一人高，摆在活动站很显眼的地方。树上挂着很多树叶，当然也都是人造的。每张树叶上写着一些字，或者是一幅小画。比如一片蜡烛形的叶子上写着：记住我有一只大鼻子的快乐的镶满皱纹的脸……然后是抖动的签名。

我问活动站的站长古薇尔女士，这是什么？

她说，这是曾经在这里活动、现在已经去世的老人从天堂写给大家的信。

我的头皮轰的一声。死人是不能写信的，这是常识。古薇尔女士已经75周岁了，胸膛饱满得如同揣着两个大波罗蜜。她步履弹性很好地走来走去，使人无法怀疑她的说法。

新奥尔良一共有20所这样的老年活动站，每年需经费500万美元。经费的来源主要是四方面：联邦政府、州政府、地方政府一共可拨款400万美元，还有100万美元的“洞”，就要靠自筹和社会捐款来解决。今天来活动的老人共有70多位，但有1000多位老人要求将免费的午餐送到家，所以，活动站的工作量很大。

我一边听着她的介绍，一边锲而不舍地惦念着那棵有着奇异叶子的树。

古薇尔女士终于讲到了这棵树。噢，是老人们共同栽下了这棵树。每一位老人都知道自己死后，在这棵树上会有一个位置悬挂自己的树叶。他们会在生前就写下这片叶子，然后保存在自己的亲人那里。如果他们没有亲人了，就保存在活动站里。当他们去世之后，他的家人就会把他的叶子送来，挂在这里，永远的。大家常常来看望这些叶子，念着上面的话，有很温暖的蒸气，从这些叶子上蒸发出来，进入我们的眼睛……

古薇尔女士这样说着，我就看到她的眼睛湿润起来。哦，我错了。古薇尔女士久经生死，在说这些话的时候，神采飞扬，很为自己发明了这棵沟通生死的树而骄傲。不是水汽进入了她的眼睛，是水汽进入了我的眼睛。

与楼下的喧闹相比，楼上是静谧和安详的。有几位老人在绣花和织毛线，古老的女红的气息从风烛残年的鼻孔呼出，让人走路和说话都变得叹息般轻轻的。

旁边有一个小小的橱柜，陈列着老人们的工艺品。一套极其美丽的婴儿装，雪白的翻卷的绒毛，精美的图案让人爱不释手。我很想买下，但偷偷觑见标价，要50美元，囊中羞涩，不敢问津。但我决定斟酌力量，一定买下一件老人们的产品，不单是留作纪念，也为了尽一点绵力，包括让制造者有一份成就感。因为古薇尔女士说，老人们的产品收入绝大部分都捐给活动站，自己只取很少一点。

一双用黄色和蓝色毛线织成的地毯鞋，大而柔软，蓬松得如同两只小哈巴狗。虽然我家并没有地毯，我还是把它们买下来了。然后我对古薇尔女士说，我能和“鞋匠”照一张相吗？

古薇尔就拉着我向一位老人走去。

她身材瘦小，坐在轮椅中。在身体和轮椅的空隙中，夹着两团大大的毛线球。她的手指干枯如藤，但依然很有力地操纵着两根毛衣针，上下翻动。在她的身边，摆着刚完成的一只地毯鞋，红黄相间，鲜艳如枫。

她叫斯特朗，今年86岁了。她患糖尿病很多年了，两条腿都截过肢，眼睛已近乎失明……古薇尔介绍说。

我这才注意到斯特朗老奶奶轮椅下的“腿”。白色的套鞋中，是冰冷的金属。风在她的腿间，毫无障碍地吹过。

斯特朗老奶奶笑着说，很高兴从中国来的客人喜欢她的地毯鞋。她说，那套美丽的婴儿装也是她织的，只是现今年龄大了，有些力不从心，就专门织地毯鞋了。

我抚摸着一位没有脚的老人织出的精美的地毯鞋，心中充满痛彻的谢意。她把自己对脚的期待，织进鞋里了。

送你一颗光芒海

到伊朗旅行。还没出发，同行女友就说咱们一定要挑个好日子。我纳闷，说你是要避开什么特定的时辰吗？朋友说，伊朗有个珍宝博物馆，是一定要看的。它每星期只开放两天，每次只有很短的几个小时。如果我们碰到它闭馆，就太遗憾了。

于是我们的出发和返程，都是按照伊朗珠宝博物馆的时间而设定。这样哪怕是出了意外情况，也有双保险。女人都喜爱珠宝，纵是无法拥有，看一看也是好的呀！

博物馆在德黑兰市的菲尔杜西街，因为在闹市区了，门口不可以停车，我们从很远的地方下了车，步行过去。翻译是位资深的伊朗学者，对波斯历史颇有研究。他开玩笑地说，一会儿各位出来的时候，眼睛也许会闪耀黄金和钻石的光芒。

珍宝馆在伊朗中央银行地下室，或者更确切地说它就是金库，里面储藏着波斯帝国历代的王座、王冠、宝剑、珠宝、首饰等宫廷用品。翻译说，这些价值连城的宝贝，本来是属于国王他们家的，1938 年，当时在位的礼萨·汗国王，把王室的藏品交给了伊朗国家银行，作为发行纸币的担保。1960 年底，这个馆开始对公众开放。

珍宝馆先声夺人，不同凡响。我说的不是它的藏品，这时候我们还没来得及进馆呢，我说的是它的森严。在通往珍宝馆的路上，我们连续接受了三道安检。且不说书包、照相机等不能带进去，就连手机也要掏出来交付安全人员托管，真正做到身无长物，裸着进馆了。

悠长的台阶，走得人心惊肉跳。一步步走向地心，灯光幽暗，有一种洞穴探宝的感觉。珍宝馆内昏晦如夜，刚进去一时间你判断不出它的面积，好像无边广阔，也好像只有几间屋子大小。在黯淡的底色当中，一处处闪亮的岛屿，就是防弹玻璃构成的陈列柜，就是那些惊世骇俗的珠宝栖息之地。首先映入眼帘的是巴列维国王的王冠，翻译告诉我们其上镶有 3380 颗钻石，共重 2000 余克拉。

翻译悄声向我们普及钻石的知识。由于钻石的珍贵和细小，重量就不能大刀阔斧地计量，改用了谨小慎微的“克拉”。这个标准是古希腊人最先制定的，他们所用的砝码，是生长在爱琴海岸边的角豆树种子。这种种子很小很轻，每颗的重量都基本相同。1 克拉是 200 毫克，也就是 0.2 克。5 克拉相当于 1 克。

我在以色列耶路撒冷城见过这种植物，类乎皂角树。它的种子被称为克拉豆，比绿豆稍大一点点，但没有绿豆那样丰满，呈扁平的椭圆形，浅淡的咖啡色，摸起来有轻的油腻润滑感。摆在手心上几颗细细比较，果然难兄难弟的，万分相似。世界上已经发现的最大钻石，名叫“库利南”，重达3106克拉，有莽汉的拳头那么大，我国的“常林钻石”，重158克拉，似青皮小桃那么大。

重量在1克拉以下的钻石，只能用更微小的计量单位，叫作“分”。1克拉等于100分，也就是2毫克。常见某个女子被富豪家迎娶，大秀特秀她的钻戒，重量是几克拉，引得人们尖叫。

伊朗国王王冠上2000多克拉钻石，共计400多克，快合咱们的1市斤了。国王头戴这么重的王冠，是不是容易得颈椎病呢？我们在这厢刚被钻石闪得目光迷离，转过身去再被巨大的刻花金板晃得头晕眼花。金板足足有20公斤重，其上还嵌有用钻石镶嵌的文字，说这是犹太教民在礼萨·汗国王加冕时的进献。旋即被惊得浑身抖擞。一个37公斤重的纯金地球仪，劈面而来。这个黄金球上覆盖着密密麻麻的宝石，有5万多颗，总重量高达1.82万克拉。它是先用纯金铸了个模拟地球的大球，再用宝石显示地球上的海洋和各国的具体位置。海洋用的是绿色宝石，估计是祖母绿。我私下里觉得海洋区域应该用蓝宝石，工匠之所以不这样安排的原因，我绝不敢推论是因为蓝宝石数量不够多，而用绿宝石替代。最大的可能是祖母绿比蓝宝石更为豪华奢靡。或者是因为从波斯湾看到的海水多呈绿色，故如此设计。

这架地球仪，起因是1848年纳赛尔·丁国王继位后，觉得王室无数零散宝石不便于保存，遂生出一个主意，让工匠们制造珠宝地球仪。这一工程费时多年，至1869年完工。世界各国的位置，用红宝石表示，伊朗、法国、英国和东南亚用钻石来表示。我仔细看了看中国的位置，似乎是以碎钻标出来的（隔着防弹玻璃，不知道判断准否。说错了，请恕。我不是珠宝专家）。不知道这种区别，是表示和这些国家比较亲善，还是率性为之。苛刻要求，该地球仪中国大陆的海岸线标得不够细致，略显陡直。

另外一个吸引眼球的珠宝，是象征着伊朗王权、镶满珠宝的“孔雀宝座”。它是一把孔雀开屏形状的金交椅，和咱们的皇帝宝座——比如康熙御制五屏式黄地填漆云龙纹宝座，有得一拼。孔雀宝座上，也是镶满了钻石，据说有2万多颗。

目瞪口呆之时，翻译说，所有熠熠生辉的宝贝，在镇馆之宝“光芒之海”面前，还是相形见绌了。来，请跟我走。

“光芒之海”落落寡合地独立陈放在地中央，可能是为了人们可以从四面八方围观它的风采。它的颜色是极清淡的浅粉。打个比方吧，好像满天飘洒坠落的樱花，被取来了一瓣，轻轻地放在白丝帕中，拧出了一小滴汁。然后将这极微小的一粒粉汁，放入一大盆矿泉水中，然后放到北极，经过周天寒彻的冷冻，成为一块无瑕的冰。小心翼翼地敲下一块儿，就成了钻石。它清冷寒澈，极浅淡的樱红色，散射着柔和无比的光芒，好像一朵花在害羞地沉思。“光芒之海”的重量是182克拉。它的具体尺寸是长1.5英寸，宽1英寸，厚0.375英寸（1英寸等于2.54厘米）。整个钻石呈现出令人心痛的美丽。它是世界上最大的业已琢磨的钻石之一，还有一块与之比肩的钻石，名叫“光明之山”，史称“科依诺尔”。“光明之山”也是稀有的艳钻，呈淡蓝灰色。重量比“光芒之海”少一些，为105.6克拉。因为发现的时间比“光芒之海”早，咱就称它为哥哥吧。这两颗赫赫有名的兄妹艳钻，原来同属于印度的莫卧尔王朝，如今天各一方。哥哥“光明之山”几经转手，现为英国王室所有。2002年4月9日，在伦敦威斯敏斯特教堂举行的王太后葬礼上，“光明之山”被放置在王太后的棺木上，举世目睹了这一宝物。妹妹孤寂地留在伊朗的金库里，供万人瞻仰。

待我们翻过来掉过去瞧了个够，翻译微笑着问，你们可知道钻石究竟是什么东西？

大家说，知道。就是金刚石嘛！

翻译说，把金刚石和钻石混为一谈，这种说法不准确，钻石是金刚石精加工而成的产品，它们之间的关系，如同麦子和馒头。麦穗要经过多少寒暑和碾磨，还有蒸煮，才能成为食品？钻石是金刚石变化而成的，这条道路十分艰难。先说金刚石，它之所以宝贵，是因为在世界天然矿物中，它是最坚硬的晶体。测定矿物硬度最常用的标准，是德国科学家莫氏（Friedrich Mohs）定的，共分10级。金刚石就矗立在冠军的宝座上，它的硬度是10。咱们常见的铁，硬度只有4。纯铜就更软了，只有3。

因为无与伦比的坚硬，很多人想当然地以为钻石一定成分很复杂，其实它是最简单的宝石，只由碳元素这独一味组成。说起这碳元素的底子，实在是平常之物。比如能燃烧的煤块、书写时乌黑易断的铅笔芯，还有入口即化的白砂糖，其主要成分，都是碳原子啊。

大家笑起来说，知道，钻石和咱平日吃的大米饭，是未出五服的近亲。

翻译说，人们常常以为复杂才有力量，神秘才不平凡。却不料身为宝石之王的钻石，单一到了不可思议。那么，为什么煤炭和馒头，并没有成就伟业。是什么使普通的碳元素，变成了光艳闪烁的珠宝呢？翻译接着强调，所有的秘密在于原子之间的连接。每一粒金刚石，都是碳原子忍受过极高的温度和极大的压力之后才形成的。如果压力不够高或是温度不够高，或者虽然有过高压高温，但时间不够长，碳的结晶连接便杂乱无章，只能形成黑油油的石墨。告诉你们一个检验真假钻石简便易行的方法。先找来一支石墨芯的铅笔，再把钻石用水湿润，然后用铅笔轻轻地刻划一道。如果是真钻石，晶面上不留任何痕迹。如果是玻璃、水晶等物件，就会在表面上留下黑痕。

我们听后大不解，问这钻石也有灵性吗？认出和石墨本是同根生的兄弟，所以一见面就亲热地不分彼此吗？

翻译说，它们的化学成分是一样的，只是排列的不同。就像一滴水落进了大海，水和水就大团圆了，你分得出这一滴水和那一滴水的界限吗？

虽然在理论上说，只要有了一定的压力和温度，钻石可形成于地球的各个历史阶段，但目前开采出来的钻石，历史都极其古老。几乎全部形成于距今 33 亿年前或是 12 亿—17 亿年这两个时期。来自南非的钻石辈分就更大了，大约在 45 亿年。那时地球刚刚诞生不久，钻石便已开始在地球深部结晶。

古老而单纯的金刚石一经形成，在自然界就没有任何力量能让它们磨损和消失。像“光芒之海”这种极其稀少的带色艳钻，身世更为不凡。它们主要是由火山爆发才显露人间。

地球深处的岩石由于火山活动，被带到地表或地球浅部，经过风吹雨打而风化、破碎，在水流冲刷下，破碎的原岩连同钻石被带到河床，甚至海岸地带沉积下来，在某一天被某人幸运地发现，从此崭露头角。好的钻石，同时具备美丽、耐久和稀少这三大要素，集人世间最高的硬度，极强的折射率和色散度于一体，于是理所当然地成了宝石的王者。而一颗美轮美奂的钻石，除了大自然的恩宠之外，还有无数人的汗水掺杂其中。从它的开采、分选、加工、分级、销售，到最后卖到购买者手中，涉及二百多万人的劳作。如此说来，一枚钻戒的晶莹中，每一道折射的光线，都凝聚了数不清的心血。钻石是天地和人间的合谋，才升华得如此美艳。沧海桑田千变万化中，唯有钻石坚定地保持原始而单纯的透明，雄视天下。面对如此的繁复和悠久，你不由得对钻石蕴藉的时间和品质肃然起敬。

走出珍宝馆，在明亮的阳光下，我们有一刻悄然无声。翻译最先打破了沉默，说，请大家互相对视一眼，看看彼此眼珠上是不是还有宝石的光斑存在？明知他是开玩笑，我们还是不由自主地互相瞄了起来，然后才算微笑着回到了人间。翻译说，我领着很多人参观过珠宝博物馆，出来之后大家都会沉默。这挺有意思，我一直没想出来这是为什么。也许是因为看完之后和没看之前，对财富的认识起了变化。

我说，你认为这是什么变化呢？

翻译说，会觉得这些旷世珠宝，不应该属于任何人，只能是属于整个人类。它们曾是大自然的杰作，不应该被任何人攫为己有。国王不行，其他人也不行。

我频频点头，问他也问大家，那么，在所有的珠宝中，你最喜欢哪一枚，或者说是哪一珠宝组团呢？

面对汪洋大海般的珠宝库，我一时词穷，不知道如何称呼，自创了“珠宝组团”这词。

大家纷纷作答。有人说是珠宝地球仪，让人从感官上就觉出地球珍贵乃无价之宝。有人说是孔雀开屏形状的国王座椅，威严中透出奢靡，不可一世。有人说是那堆积如山的零散宝石和珍珠，因为它们还未曾雕琢，或许能制造成最瑰丽的成品，最美的可能性蕴含其中。

翻译说，我最喜欢“光芒之海”。现在，作为纪念，我送大家每人一颗“光芒之海”。我们大笑，说别逗乐了，你送不起的。“光芒之海”价值连城，或者说根本就是无价之宝。这颗钻石曾引发波斯王国和印度的血雨腥风，岂是你可以拱手相送的？再说啦，送每人一颗，你好大的口气！好像这“光芒之海”可以批发似的，谁不知道，“光芒之海”是倾城倾国的孤品啊！

翻译收敛起笑容说，每次参观后，我都会对大家说，送